U0101235

文庙书院

福建古建筑丛书

福建古建筑丛书编委会 编

海峡出版发行集团
THE STRAITS PUBLISHING & DISTRIBUTING GROUP | 福建教育出版社

福建古建筑丛书编委会

编辑单位

福建省人大常委会环境与城乡建设工作委员会

福建省人大常委会教育科学文化卫生工作委员会

福建省住房和城乡建设厅

福建省文化和旅游厅

福建省新闻出版局

中共福建省委党史研究和地方志编纂办公室

福建省文物局

海峡出版发行集团

福建省文学艺术界联合会

福建省作家协会

福建省摄影家协会

福建省文物考古博物馆学会

编 辑 部

主　　任：何　强

常务主编：郑国珍

副 主 任：戴志坚　张　鹰　孙汉生　郭凯铭　胡志世

分册主编：许为一　龚张念　李华珍　林　峰　楼建龙

本册主编：林　峰

前　言

　　福建，简称"闽"，雄踞祖国东南，与宝岛台湾隔海相望。武夷山—玳瑁山山脉横亘闽西北，鹫峰山—戴云山—博平岭山脉南北纵贯闽中；闽江、九龙江、汀江、晋江、龙江、敖江、交溪、木兰溪等河网自成体系，蜿蜒跌落湍流，缓缓汇入大海；山间、河畔等生态廊道散布着星星点点的谷坡、盆地，河口、海滨等江海衔接带绵延着大小不等的平原、台地。大陆海岸线长 3752 千米，分布着 2215 个海岛、125 个大小海湾。全省陆域面积 12.39 万平方千米，近海渔场面积 12.5 万平方千米，素有"八山一水一分田""海潮声中万亩田"之称。

　　得天独厚的生态环境资源优势，孕育了相对独立的区域特色文化。考古资料显示，早在距今 18.5 万年前就有人类繁衍生息于此，约 3 万年前已出现世间罕见之人工构筑的石铺地面，以优化生活生产环境。自旧石器时代末期到新石器时代，横跨以万年计的全球气候冷热巨变阶段，群山峻岭里，沧海桑田中，不乏福建先民筚路蓝缕、聚居劳作的历史遗迹遗物存世。相当于中原的商周时期，福建区域出现了与中原王朝保持着密切联系的"七闽"部落、"闽方国"；秦朝废闽越王为"君长"，置闽中郡；汉代初复立闽越王"王闽中故地"，

1

福建区域与中原王朝的关系愈加紧密，这些在《周礼》《史记》《汉书》等古籍中均有记载。自东汉以降数百年，中央政权相继在福建区域，将"冶县"改为"侯官县"，设立过"建安郡""晋安郡""南安郡"及"闽州"等行政管理建制以加强统治。福建区域原住民不断与"衣冠避难、多所萃止"的中原各地辗转迁徙入闽者融合，逐渐形成以汉族居民为主体、中原传统文化占主导的地区，省域亦因唐开元年间置"福建经略使"而得名。

唐宋以来，福建社会经济文化日趋繁荣。纵横千里的驿道组成的路网，将福建一座座城镇乡村、港口码头串珠般连接，通往海内外。兴文重教，英才辈出，素有"海滨邹鲁"之誉。产业拓展，商贾接踵，曾为中国的世界贸易中心之一。巍峨的城垣城楼，林立的土楼堡寨，争艳的府第民宅，幽雅的文庙书院，质朴的古道亭桥，无不积淀了深厚的文化底蕴，递嬗出多元文化交融的区域特色。"福建土楼""鼓浪屿：历史国际社区"和武夷山汉城遗址等成为联合国教科文组织认定的世界文化遗产，福州、泉州、漳州、长汀等被公布为国家历史文化名城，福州文庙、泉州文庙等被列入全国重点文物保护单位，无不绽放出辉煌的历史文化光芒。

习近平同志自1985年来到福建，辛勤工作了近18年，对福建的山山水水了解深刻，为福建的建设发展与历史文化保护传承倾注了大量心血。他在福建提出"既要重视经济的发展，又要重视生态环境、人文环境的保护。发展经济是领导者的重要责任，保护好古建筑，保护好传统街区，保护好文物，保护好名城，同样也是领导者的重要责任"等执政理念，作出"保护历史文物是国家法律赋予每个人的责任，也是实施可持续发展战略的重要内容，任何个人和单位都不能为了谋取眼前或局部利益而破坏全社会和后代的利益"等重要指示；他身体力行地设法保存修复林则徐、林觉民等历史名人故居，力主保护三坊七巷、和平古镇等传统街区、村镇，及时抢救三明万寿岩考古遗址等重要史迹，以实际行动充分体现了对优秀历史文化遗产、优秀文化传统的珍视与厚爱，是迈入中国特色社会主义新时代的宝贵精神财富。

党的十八大以来，以习近平同志为核心的党中央坚持从留住文化根脉、守住民族之魂的战略高度，十分关心、大力推动文化和自然遗产的保护工作，反复强调要像爱惜自己的生命一样保护好文物和文化遗产。2017年，中共中央办公厅、国务院办公厅印发了《关于实施中华优秀传统文化传承发展工程的意见》，就建立中华优秀传统文化传承发展体系进行了全面部署，强调"加强新型城镇化和新农村建设中的文物保护。加强历史文化名城名镇名村、历史文化街区、名人故居保护和城市特色风貌管理，实施中国传统村落保护工程，做好传统民居、历史建筑、革命文化纪念地、农业遗产、工业遗产保护工作"。2019年，《人民日报》重新发表了习近平总书记17年前所作的《〈福州古厝〉序》，新华社发表了《文明之光照亮复兴之路——以习近平同志为核心的党中央关心文化和自然遗产保护工作纪实》，这些对于我们进一步做好文化遗产保护工作，更好地传承文明、增强文化自信，意义深远。

福建省人大常委会认真学习领会习近平总书记重要讲话指示批示精神，坚决贯彻习近平新时代中国特色社会主义思想，积极按照国家宪法和法律赋予的职责，紧密围绕福建文化特色，紧扣新时代文物和文化遗产保护管理和传承活化过程中的社会需求，既从全省的文物保护管理、历史文化名城名镇名村和传统村落保护、文化和自然遗产保护利用等工作实际考虑，先后制定出台了相关"条例"和"决议"，又积极与国际文化和自然遗产保护管理理念接轨，相继推出了涵盖"武夷山""福建土楼""鼓浪屿：历史国际社区"等世界文化和自然遗产保护管理的地方性法规；同时，有计划有重点地开展省、市、县（区）三级人大的联合执法检查、专题询问等年度监督工作。通过实地察看、听取汇报、召开座谈会等，深入了解文物和文化遗产保护等法律法规贯彻落实的工作成效和存在问题，及时作出相应的执法检查报告、咨询与指导要求等，保障和促进了优秀民族传统文化的延续与拓展。

为进一步认真贯彻落实习近平总书记关于增强文化自信、传承和保护好中华优秀历史文化遗产等重要讲话精神，值此联合国教科文组织第44届世界遗产大会即将在福州召开之际，按照福建省人大常委会的要求，由省人大常委会环城工委和教科文卫工委牵头，会同省住房和城乡建设厅、省文化和旅游厅、省新闻出版局、省党史和方志办、省文物局、海峡出版发行集团、省文联和省文物考古博物馆学会等多个部门和学术团体，组织相关专家学者围绕"城垣城楼""土楼堡寨""府第民宅""文庙书院""古道亭桥"五个专题，采用"建筑说明与散文随笔、摄影图片"等相映成趣的表达形式，编撰了这套一辑五册的"福建古建筑丛书"，旨在彰显福建各地城垣城楼、土楼堡寨、府第民宅、文庙书院、古道亭桥等古建筑的历史人文风貌与建筑艺术价值，为社会奉上一道道福建历史文化遗产的美味佳肴，进一步促进全社会形成珍惜爱护历史文化遗产、传承弘扬优秀传统文化的浓厚氛围。

在如此深厚的文化蕴藏面前，虽然我们做了积极努力，终究受限于资料的完整性和表达的精准性等不足，书中挂一漏万之处难免，恳请亲爱的读者不吝指正，使"福建古建筑丛书"的编写工作不断臻于完善。

福建古建筑丛书编委会

2020年6月

编辑说明

一、本丛书选取福建各地城垣城楼、土楼堡寨、府第民宅、文庙书院、古道亭桥各类古代建筑，以"建筑说明 ＋ 散文随笔 ＋ 图片"的形式，全面呈现福建本土最具地域特色和独特艺术价值的古建筑风貌及历史人文内涵。

二、本丛书（第一辑）共 5 册，分别为：

1.《城垣城楼》，收录福建古建筑中以外筑城垣为特征，具有行政建制与军事防卫功能的构筑物及其附属设施遗存。包括 4 类，共 39 个建筑点：（1）府县古城 9 个，包括福州府城、泉州府城、汀州府城、建宁府城、邵武府城、松溪县城、上杭县城、崇安县城、和平分县城。（2）卫所、水寨、巡检司 17 个，包括平海卫城、镇海卫城、梅花所城、万安所城、定海所城、厦门所城、大京所城、莆禧所城、崇武所城、福全所城、六鳌所城、铜山所城、悬钟所城、琴江水师旗营、鼓浪屿龙头山寨、闽安巡检司城、小岞巡检司城。（3）镇村城堡 9 个，包括柘荣双城城堡、福安廉村城堡、霞浦传胪城堡、霞浦八堡城堡、福鼎潋城城堡、福鼎玉塘城堡、福鼎石兰城堡、漳浦赵家堡、漳浦诒安堡。（4）炮台 4 个，包括马尾亭江炮台、连江长门炮台、漳州港南炮台、厦门胡里山炮台。

2.《土楼堡寨》，收录福建古建筑中兼具居住与防卫功能的土楼和堡寨类建筑遗存。包括分布于全省各地的 38 个建筑点：永定集庆楼、永定永康楼、永定福裕楼、永定承启楼、永定衍香楼、永定振福楼、新罗苏邦东洋楼、漳平泰安堡、华安二宜楼、华安雨伞楼、南靖绳庆楼、南靖步云楼、南靖和贵楼、南靖怀远楼、南靖裕昌楼、平和绳武楼、平和余庆楼、平和庄上大楼、平和龙见楼、漳浦锦江楼、安溪崇墉永崎楼、德化厚德堡、仙游东石土楼、福清东关寨、永泰三捷青石寨、永泰荣寿庄与昇平庄、永泰赤岸铳楼群、永泰万安堡、闽清娘寨、尤溪茂荆堡、尤溪公馆峡民居、沙县水美双元堡、三元松庆堡、永安安贞堡、永安复兴堡、大田琵琶堡、大田潭城堡、将乐㘦厚堡。

3.《府第民宅》，收录福建古建筑中具有特色的官宦府第和典型民居宅第类建筑遗存。包括分布于全省各地的 39 个建筑点：福州黄巷郭柏荫故居、福州衣锦坊郑氏府第、闽清宏琳厝、长乐九头马民居、闽侯水西林建筑群、闽侯白沙永奋永襄厝、永泰嵩口德和厝、柘荣凤岐吴氏大宅、屏南北墘佛仔厝、莆田大宗伯第、涵江凤门林氏大厝、涵江江氏民居、仙游海安朱氏民居、南安蔡氏古民居、南安中宪第、南安林氏民居、安溪湖头景新堂、泉港土坑旗杆厝、晋江钱头状元第、永春岵山福兴堂、漳州蔡氏民居、漳浦蓝廷珍府第、武夷山下梅大夫第、南平峡阳大园土库、光泽崇仁袁氏民居、建阳书坊陈氏民居、顺昌元坑陈氏民居、邵武中书第、邵武金坑儒林郎第、尤溪玉井坊郑氏大厝、尤溪大福圳民居、沙县大水湾陈氏大厝、三元龙安骑尉第、永安沧海龙德堂、长汀三洲戴氏民居、长汀馆前沈宅、长汀中街李氏下大屋、连城芷溪集鳣堂、连城培田村官厅。

4.《文庙书院》，收录福建古建筑中以祭祀和纪念孔子、从事教育为主要功能的文庙与书院类建筑遗存。分为文庙与书院两类，共 39 个建筑点：（1）文庙 24 个，包括福州文庙、闽清文庙、永泰文庙、螺洲孔庙、同安孔庙、漳州府文庙、漳浦文庙、平和文庙、海澄文庙、泉州府文庙、惠安孔庙、永春文庙、安溪文庙、仙游文庙、黄石文庙、涵江孔庙、永安文庙、汀州文庙、上杭文庙、漳平文庙、建瓯文庙、崇安文庙、双溪文庙、西昆孔氏家庙。（2）书院15个，包括正谊书院、濂江书院、文泉书院、霞东书院、云山书院、南屏书院、石井书院、龙山书院、侯龙书院、普光书院、南溪书院、萃园书院、兴贤书院、南浦书院、魁龙书院。

5.《古道亭桥》，选取古代进出福建的东线、北线、西线、南线四条陆路通道上的各个地点，并串联起各条古道上的关、隘、亭、桥等建筑遗存。分为四个部分，共40个地点：（1）福温古道9个点，包括福鼎、寿宁、柘荣、霞浦、屏南、周宁、蕉城、连江、福州北。（2）仙霞分水11个点，包括浦城、武夷山、邵武、光泽、松溪、政和、建瓯、建阳、顺昌、延平、闽侯。（3）闽客间关11个点，包括泰宁、建宁、宁化、长汀、武平、上杭、连城、永安、大田、尤溪、闽清。（4）福广通津9个点，包括漳州、泉州、永春、仙游、莆田、福清、长乐、永泰、福州南。

三、丛书各册古建筑点遴选及条目编排，遵循如下原则：

1. 各册所收录古建筑，大部分是省级以上文物保护单位，再酌情收入具有特色风格的其他类型古建筑，力求既突出地域特色建筑，又体现兼容并蓄风格。

2. 同一种古建筑类型，综合其地域分布、平面布局、构造风格、构建年代、使用功能、艺术特色、保存现状等文物价值进行择选，同时兼顾古建筑的历史人文内涵。

3. 丛书只收录传统建筑类型，近代纯粹南洋风格建筑不列入选目范围。

4. 各册条目编排，《古道亭桥》一册，按古道线路顺序编排。其他各册，有分类别的，按类型编排，各类型之下，一般按行政级别、行政区划顺序再排；

没有分类的，则直接按行政区划顺序编排。

四、丛书各册有关稿件来源及审定情况：

1. 丛书 5 册的概述及每一处建筑说明，由各分册主编撰写，并经丛书编委会审定。

2. 丛书的散文随笔，由省作协、各设区市作协等单位向全省各地作家征集组稿，并经遴选，最终由丛书编委会审定。

3. 丛书的图片，由省作协与摄协、各设区市作协与摄协、省党史和方志办、省文物局等单位及丛书专家、作者提供，并经遴选，最终由丛书编委会审定。

福建古建筑丛书编委会

2020 年 6 月

概　述

林　峰

文庙，是祭祀孔子和发展教育的场所，最初是用于祭祀与纪念的建筑，后来逐渐和教育紧密相关。唐贞观四年（630年），唐太宗李世民诏令天下"县必有学，学必有庙"，从此庙学合一成为定制，文庙随着学校教育的发展而遍及全国，形成"州县莫不有学，则凡学莫不有先圣之庙矣"的形势，并于明清时期发展达到顶峰，其数量高达1730多所。文庙属于孔庙的类型之一，曾在全国范围内最为普遍，但因年代久远及受20世纪70年代"批林批孔"运动的影响，损毁较大。福建现存文庙约31处，其中被公布为全国重点文物保护单位的有8处、省级文物保护单位的有11处。除文庙外，还有两类孔庙是国庙和家庙。国庙即国家级的孔庙，山东曲阜孔庙和北京孔庙可称为国庙。家庙，是孔氏家族内部的庙宇，是孔子后裔祭祀孔子及其长子孔鲤和长孙孔伋的宗庙，莆田涵江孔庙和福鼎西昆孔氏家庙属于此类。

在庙学合一的体制中，文庙是单独的一组建筑，和官办学校并列，一般为左庙右学，亦有右庙左学（如泉州文庙）、前庙后学、中庙旁学几种布局。从建筑形制来看，因文庙享受皇家建筑的礼仪待遇，大多是红墙黄瓦、重檐歇山顶的宫殿样式（泉州文庙是福建唯一的庑殿顶式建筑），且建筑群内的各建筑有着相对固定的名称和格局，如万仞宫墙、棂星门、下马碑、泮池、大成门、大成殿、崇圣祠等，均是文庙特有的标志性建筑，只是在建筑规模、内容和装饰上各地有所差别。

文庙建筑一般坐北朝南，以供奉孔子的大成殿为中心，其他建筑沿中轴线及两侧分布。大成殿是文庙的核心建筑，是祭祀孔子和四配十二哲的大殿，大多采取抬梁斗拱式架构。"大成"一语出自孟子所言"孔子之谓集大成"；四配即在文庙祭祀等级中仅次于孔子的四位配享者，分别是颜回、曾参、孔伋和孟子；十二哲以孔子弟子为主，南宋理学集大成者朱熹也位列其中。大成殿南面依次有月台、大成门、泮池、棂星门和万仞宫墙等。月台是祭孔时表演乐舞的场地，月台前院的左右还设有东庑和西庑，里面一般供奉着历代先贤名儒；大成门，或称为戟门（安溪文庙和上杭文庙悬"戟门"牌匾），在祭祀时提醒官员、平民等进入后院之前务必整肃仪容；泮池象征浩瀚学海，教化不息；棂星门位于泮池前后，是文庙中轴线上的牌坊或牌楼式建筑；万仞宫墙是文庙最南面的红色照壁式建筑物，象征孔子道德学问有万仞之高，非入其门而不可得，宫墙两边开有礼门和义路，是进出文庙的门户；下马碑通常立于礼门和义路的两侧，昭示孔子的尊贵和文庙的威严。明朝建立了在文庙中设乡贤名宦祠的制度，把地方历史上一些著名的、品德高尚、有功于民的当地乡绅官吏也列入文庙内作配祀，奉于大成殿东西两侧厢房内，但有的并不建在文庙内，如蔡清祠、庄际昌祠便建在泉州文庙旁，定名为"乡贤祠""名宦祠"。福建文庙的乡贤祠、名宦祠较多采取一人一祠的形式，如同安文庙大成殿南侧建有宋代理学大儒朱熹、宋代科学家苏颂和理学名宦林希元的祠堂。大成殿北侧崇圣殿是文庙中最主要的配祀建筑，是祭祀孔子以上五代先祖的殿堂。

福建的文庙在地域分布上以闽南、闽东居多，不仅数量多且建筑地位重要，其中泉州文庙是我国东南现存规模最大的孔庙。福建的文庙建设时间均在唐贞观四年（630年）之后，泉州府文庙、福州府文庙始建于唐代，同安文庙始建于五代，屏南双溪文庙始建于清代，其他大都始建于宋明两代。在建筑风格上，因历代反复修缮，福建现存的文庙除泉州文庙保留部分宋代架构，漳州文庙、漳浦文庙保留相对完整的明代架构外，其他基本是清代建筑风格。在建筑装饰上，石雕龙柱在福建的文庙中应用得很多，永春文庙殿前四根檐柱为石雕龙柱，仙游文庙大成门檐下两根透雕盘龙石柱是清代"八闽雕刻始祖"郭怀及其徒弟的作品，安溪文庙石雕艺术更是遍布整座文庙，这与石雕技艺在福建的发展有着密切联系。

文庙是历代统治者实行文治的重要场所，在维护封建伦理和统治秩序方面发挥着独特功能。与此同时，文庙也发挥着兴贤育才的作用，使士人通过祭祀之礼，激发向上向善的思想，于潜移默化中得到教化。在古代，同样发挥着教育职能的机构除了文庙和官办学校外，还有书院，与前两者不同的是，书院并非一直得到统治者的支持，在封建社会，它的发展较为曲折。

书院是中国古代的教育机构，产生于唐代，有官府和民间两大源头。官府的丽正书院、集贤书院脱胎于朝廷整理图书典籍的机构，主要功能是刊辑典籍；而民间书院最早是士大夫私人的读书治学之所或者家学族塾，以读书为主要功能。唐中宗景龙年间，福建出现了具有教学活动的民间书院，即漳州龙溪松洲书院。松洲书院由漳州首任刺史陈元光创办，由其子陈珦主持，起移风易俗、教化乡里的作用。松洲书院既有面向士民的社会教育，又有聚徒教授，是我国第一所教学功能比较齐全的书院，它从私家专有走向服务公众，这在书院发展史上具有里程碑式的意义。而后，五代十国时期虽天下混乱，但士人依旧修身养性，藏书聚徒，创建或兴复了多家书院，其中大部分已经开展了教学活动。

两宋时期，福建的教育水平从相对落后跃居到全国领先地位，有85所书院，居于全国第4位。社会经济发展，闽学的创立和印刷、传播技术的推广，以及统治者出于统治的需要尊崇朱熹等，是南宋福建书院快速发展最重要和最直接的原因。这一时期创建的书院包括福州濂江书院、泉州石井书院、尤溪南溪书院、武夷山兴贤书院、古田魁龙书院、莆田涵江书院、将乐龟山书院、南平寒泉精舍等，大部分系由朱熹及其弟子创立或与朱熹有关联，如寒泉精舍、考亭书院、武夷精舍等均由朱熹创建；濂江书院、石井书院、魁龙书院是朱熹讲学处；兴贤书院是朱熹学习和讲学之所；南溪书院系为纪念朱熹而立，并祀朱松朱熹父子，祠祀功能十分突出。朱熹一生约有40年时间从事教育活动，他兴办书院并在书院讲学，传播学说、经营学派，他的讲学遍及福建6个地区、14个县市的21所书院。这一时期，在学术大师们的推动下，学术与书院实现了一体化，闽学以书院为传播基地，迅速发展；书院亦因闽学而充实完善，更具特色，不断扩展，由北宋讲学、藏书、祭祀、学田四大基本规制发展为研究、讲学、藏书、刻书、祭祀、学田六大事业，研究和刻书职能得到了强化。这一时期，书院作为一种文化教育制度得以完全确立，教育事业进入官学、书院、私学三轨并行的时代。

元代，书院沿袭南宋蓬勃发展之势，其中福建仍处于书院发达的地区，共新建、修复31所。元初，出于争取宋遗民的考虑，统治者尊崇书院地位，注重保护且积极创办书院，并下诏令在"先儒过化之地、名贤行经之所"，只要热心之人有能力兴建和保障运转，都可以创办书院。但到了至元后期，创建书院需层层报批，山长由朝廷当局委派以把握书院的发展方向，书院与官学的师资可以互相迁转调动，书院被完全纳入了官方教育体系。这一改变为书院的发展提供了经费保障，但也逐渐使书院成为科举的附庸。同一时期，私学仍延续宋代以来的发展道路，惠安龙山书院即为家族式私学，供族中子弟念书习业，一直到清代始终发挥着教育功能。

明代，福建书院仍较为发达，有书院180所，其中新建的书院大多集中在明中后期，这是由于明初政府把振兴教育的重点放在官学，实行"科举学校合一"的文教政策，规定科举考试的学生只能从学校产生，书院自然遭到冷落，这一状况一直持续到正德年间。正德至万历年间，王阳明、湛若水及其弟子通过兴建书院、广泛讲学、传播"心学"，创造了明代书院的辉煌局面，开启了继南宋以来书院与学术共同发展的又一景象。但在这期间，书院却因受朝廷的政治斗争波及而四次遭禁毁。万历七年（1579年），张居正认为书院召"游食无行之徒，空谈废业"而毁书院，如泉州石井书院，一度被废，书院的名称、书院中的二公祠、杏坛、小山丛竹亭都被改掉，书院停止讲学活动几十年。

清代，福建共有书院445所，属于全国书院较为发达地区。清廷对书院的政策经历了由抑制到支持的转变：清初由于战乱导致民生凋敝，同时清廷害怕书院成为反清复明思想的宣传和组织场所，"不许别创书院，群聚徒党"，将书院严格限制在官学外。康熙年间，随着社会趋于稳定，清廷适当放宽书院政策，有了一些给书院赐书赐额表支持之举。如康熙五十五年（1716年）赐南溪书院御书"文山毓哲"匾额，为新建的福州鳌峰书院书匾"三山养秀"，并赐经书，体现了对书院的重视和支持。雍正十一年（1733年）颁布创建省城书院的上谕，动用官方力量新建或改建、扩建全国23所书院（如福建最高级别的鳌峰书院），各省至少有一所书院受督抚的直接支持，可得一千两银钱资助，把更多地方士人吸纳到官学体系中。乾隆年间颁布上谕，"书院之制，所以导进人材，广学校所不及"，把书院作为官学的补充，各府州县官方书院建立，与已有的省城书院构成了上下一统的书院教育体系，书院发展空前繁荣，龙岩散布城乡的书院多建于这一时期。清代中后期，除已有的省城书院外，又添设了部分书院，如清代福建四大书院中的福州凤池书院和正谊书院。同治、光绪年间，书院引入"新学""西学"作为教学内容，由传统走向现代，如福建浦城南浦书院在光绪年间，知县吕渭英倡率士绅捐置书籍85种，有《西洋兵书》《西政丛书》等新学之书。光绪二十七年（1901年），清政府下诏将书院改为学堂。光绪三十三年（1907年），改办全部完成，书院最终退出了历史的舞台。

时至今日，作为曾对时代发展和士人的教育起着重要作用的文化教育机构，文庙和书院依旧在为教育、学术、建筑、藏书等事业献力：在福建，安溪文庙、仙游文庙、建瓯文庙现已作为博物馆，是重要的教育基地；正谊书院常年举办文化活动，着力打造优秀国学教育品牌；福州濂江书院长期以来办学不断；南浦书院现为教师进修学校。具有中国传统文化底蕴的文庙和书院文化遗产，在新时代新征程中经"创造性转化、创新性发展"，去粗取精，继承创新，"活"在了当下，为传承中华优秀传统文化发挥着重要作用。它们的历史使命远未结束，深入挖掘其中蕴含的思想内涵、人文精神、道德规范，将会有效推动文化兴盛的进程，为增强文化自信、加快建设社会主义文化强国加油助力。

Contents 目 录

文庙 /001

003/ 福州文庙
谒福州文庙 / 林万春

011/ 闽清文庙
传延铭梦　闽清文庙 / 翔尘

019/ 永泰文庙
永泰文庙：穿过岁月的沧桑新生 / 许文华

027/ 螺洲孔庙
再访螺洲孔庙 / 林丹萍

035/ 同安孔庙
金声玉振　文庙永恒 / 曾志宏

043/ 漳州府文庙
文庙记录 / 杨西北

053/ 漳浦文庙
漳浦文庙：八百年的历史传说 / 邱耀斌

061/ 平和文庙
走近平和文庙 / 卢一心

069/ 海澄文庙
品读海澄文庙 / 陈馨

077/ 泉州府文庙
邹鲁遗风府文庙 / 林轩鹤

085/ 惠安孔庙
惠安孔庙的前世今生 / 陈婷玲

093/ 永春文庙
"乡愁故里" 话文庙 / 张泉花

101/ 安溪文庙
文庙幽芳越千年 / 林炳根

109/ 仙游文庙
漫赏妙境千般美 / 赵鲜明

117/ 黄石文庙
道不远人话学宫 / 朱仁良

125/ 涵江孔庙
涵江孔庙韵犹在 / 蔡建财

131/ 永安文庙
人文历史的风帆 / 林汉基

139/ 汀州文庙
千年古韵文脉长 / 范晓莲

147/ 上杭文庙
记忆中的上杭文庙 / 陈云英

155/ 漳平文庙
走进漳平文庙 / 刘秀梅

163/ 建瓯文庙
古城·孔庙·人家 / 赵玲

Contents 目 录

171/ **崇安文庙**
古邑崇儒的精神高地 / 邹全荣

179/ **双溪文庙**
古镇圣人家 / 禾源

187/ **西昆孔氏家庙**
孔子遗韵在西昆 / 白荣敏

书院 /195

197/ **正谊书院**
左宗棠与福州正谊书院 / 邹挺超

211/ **濂江书院**
濂水龙腾　翰苑连芳 / 彭慧平

219/ **文泉书院**
书香大地　文泉书院 / 绯雨

229/ **霞东书院**
浦头港边话文昌 / 蔡刚华

237/ **云山书院**
早有直声留胜国 / 唐淑婷

245/ **南屏书院**
晨钟暮鼓伴斯文 / 汤毓贤

253/ 石井书院
别有书香在石井 / 颜长江

263/ 龙山书院
廉隅世家——龙山书院 / 杨雪卿

269/ 侯龙书院
汪在山里的一泓清泉 / 沉洲

279/ 普光书院
涵三秋菊香三径，崇一春梅绽一枝 / 卢惠姗

287/ 南溪书院
南溪书院记 / 陈宗辉

295/ 萃园书院
隽永诗歌　萃园书院 / 洪顺发

303/ 兴贤书院
兴贤育秀话传承 / 陈崇勇

311/ 南浦书院
南浦书院的诱惑 / 初学敏

319/ 魁龙书院
魁龙书院：魁星高照龙象生 / 阮以敏

327/ 附　录
福建省级以上文物保护单位名录（文庙书院）

329/ 其他图片来源
330/ 后　记

①福州文庙　　　　　⑬安溪文庙

②闽清文庙　　　　　⑭仙游文庙

③永泰文庙　　　　　⑮黄石文庙

④螺洲孔庙　　　　　⑯涵江孔庙

⑤同安孔庙　　　　　⑰永安文庙

⑥漳州文庙　　　　　⑱汀州文庙

⑦漳浦文庙　　　　　⑲上杭文庙

⑧平和文庙　　　　　⑳漳平文庙

⑨海澄文庙　　　　　㉑建瓯文庙

⑩泉州文庙　　　　　㉒崇安文庙

⑪惠安孔庙　　　　　㉓双溪文庙

⑫永春文庙　　　　　㉔西昆孔氏家庙

福州文庙

福州文庙位于福州市鼓楼区圣庙路1号，又称"先师庙"，俗称"圣人庙""圣人殿"。唐代福州庙学设于福州城西北一里处，大历七年（772年），观察使李椅将其移至城南。乾宁元年（894年），王鸿在福州四门置义学。后梁龙德元年（921年），王审知置四门学。吴越时作新宫，号使学。北宋太平兴国年间，转运使杨克让始作孔子庙。北宋景祐四年（1037年），福州代理州官谢微请立为府学，历时五年建成，内设有孔子与其高徒十人像，有九经阁、三礼堂、黉舍、斋庐等建筑。明洪武七年（1374年）建大成殿与明伦堂，永乐四年（1406年）以学厅为乡贤祠，成化十三年（1477年）大修庙学，凿泮池，并于池上修桥，弘治初年，改棂星门，以石料代替木材，嘉靖十一年（1532年）称先师庙。清康熙十一年（1672年）大修庙学、棂星门。

福州文庙于宋熙宁、明洪武、清咸丰年间三度遭遇火灾。现存风格是清咸丰年间所建，建筑面积4000多平方米，占地面积7500多平方米。福州文庙坐北朝南，按中轴线自南至北依次为外门埕、棂星门、泮池，仪门厅、大成殿，两侧则是廊庑、官厅、乡贤祠等。大成殿面阔7间，进深4间，重檐歇山顶，高19.6米，殿后檐间有"仰之弥高"匾额。门口东西两侧屏墙各题"金声玉振""江汉秋阳"等，东西宫门前有下马碑，碑刻满汉文"文武官员人等到此下马"。

福州文庙于1961年被福州市人民委员会公布为第一批市级文物保护单位，1996年被福建省人民政府公布为第四批福建省文物保护单位，2006年福州文庙被国务院公布为第六批全国重点文物保护单位。

谒福州文庙

林万春

福州文庙在鼓楼区圣庙路，东望于山绿树，可闻松涛；西边不远处即乌山乌塔，庙址恰好在三山两塔间，处繁华坊巷、风水宝地。在榕三年，我每次路过八一七路，见东侧这一片恢宏肃穆、红墙黄瓦的建筑，心向往之。今夏得暇瞻仰，补上一课，不免毕恭毕敬。

眼前临街的棂星门，亦称先师门，红墙乌瓦，现存的石构件属明代所建，六柱三开间，每根柱脚用两块夹杆石前后对夹锁固。抬头看，东西两边红墙上分别镶嵌着"金声玉振""江汉秋阳"的阴文石刻——赞孔子学识渊博，其思想集古先贤之大成；指孔子品德如在长江、汉水中洗过，在夏日下曝晒过一样光明洁白。今天，我们从边门进入大坪，坪中设半月形泮池。何谓泮池？因为皇家是圆池，所以文庙只能用半池。泮池上建的桥叫泮桥，俗称"状元桥"。古代只有取得秀才以上资格的人，才能从泮桥上走过到大成殿祭孔（其他人只能绕行）。站在高高拱起的泮桥上，见阳光下清水照影，临风吟哦，有一种奇妙的感觉，好像穿越千年，真的要去谒见孔老夫子。

福州文庙棂星门 / 王立涵 摄

福州文庙泮池／杨德魁 摄

　　就像梁思成说的，在人类历史上，从来没有一个知识分子像中国的孔夫子那样，长时间受到一代又一代封建王朝的尊崇，顶礼膜拜。在世时，夫子周游列国，想找一位能重用他的君主实现他的政治理想，但始终不得志。他有时在旅途中绝了粮，狼狈到"累累若丧家之犬"，最后叹气说"吾道不行矣"。但是为了"自见于后世"，夫子晚年坐下来编了一部《春秋》，也许他自己也没想到，他的愿望达到了。正如大史学家司马迁所说："《春秋》之义行，则天下乱臣贼子惧焉。"事实是，孔子的思想统治了中国两千多年，这一切也在孔庙建筑中反映出来，中国有县城必有孔庙。最大的一座在孔子的家乡山东曲阜，是我国规模仅次于故宫的古建筑群。

　　但鲁迅、郭沫若似乎不太喜欢孔孟之道，作为鲁迅朋友的郁达夫也一样。郁达夫在榕两年间，所著《闽游滴沥》《闽游日记》《福州的西湖》等，说了一大堆福州的好话，有鼓山鼓岭、三山两塔等无数古建筑，还细细记叙了于山戚公祠，就是没有关于毗邻的文庙的只言片语。其实，1959 年 7 月建筑学家梁思成参观了曲阜孔庙，在其此后的游记里也反映了矛盾的心情，"七月间，我来到了阔别二十四年的孔庙，看到工程已经顺利开始，工人的劳动热情都很高。特别引人注意的，是彩画工人中有些年轻的姑娘，高高地在檐下做油饰彩画工作，这是坚决主张重男轻女的孔丘所梦想不到的"。随手一笔，他珍重的，似乎只是曲阜的古建筑群——一种无与伦比的历史艺术价值。

反观历史，对孔子的评价一直是学术界争论不休的问题，我以为，若用历史唯物主义看问题，那么，把孔子说成绝对的好和绝对的坏，都不免有失偏颇。在孔子的头脑里确实有一个繁荣的理想王国，而后通过董仲舒和程朱理学，"三纲五常"之类成了束缚人思想意志的绳索，这是不争的事实。而另一方面，他创设私学打破了政府垄断，"有教无类"的教育模式，"学而不厌""诲人不倦"的精神，以及"因民之所利而利之"的"民本"思想，言传身教，在中国思想史上产生了深远的影响。概而言之，评价孔子这个人物，只简单地用阶级分析法是不够的。

今天，我是怀着敬仰的心情拜谒文庙的。随着向导过了仪门厅，就来到大成殿前。大成殿为重檐九脊顶，高踞在一米多高的月台上，为福州最雄伟的

福州文庙大成殿 / 杨德魁 摄

一座殿宇。按当时规定，全城所有的官廨、民居均不得超过大成殿的高度。大殿面阔7间，进深4间，穿斗式木结构辅以石柱，用石檐柱22根，石内柱8根，落地木柱18根，特别是殿内4根大石柱，每根重约16吨。据郭柏荫记载，当时用绞车吊装，每竖一柱，需动用民工两百多人，夯歌号令声中，多少人挥汗作业，当年施工之艰难由此可见一斑。其石材用料之大，在全国现存的文庙建筑中亦极罕见。还有怪异的说法，据说其月台中空，每当旭日东升，人们从栏杆下平视青石板埕面，可见面上瑞气冉冉上升，如龙腾凤翔，令人啧啧称奇。

提脚迈入宏伟的大成殿，殿上空藻井顶部是一幅精美的古星象图，繁星似花团锦簇，金光闪闪。大殿中央安放着新制青石雕刻孔子坐像（高2.55米，基座1.18米），一手托须，一手平放膝头，镇静自若，似演讲之态。左前侧有颜回、子思坐像，右前侧是曾参、孟子坐像（各通高3.45米），比老师的低一些。东、西、北三面绕孔子立七十二贤人立像，在表现技法上注重质感和比例，衣饰简素，形象丰满，或低头沉思，或凝神侧望，或轻声言笑……线条轻快而流畅，且相互呼应，十分壮观。头上悬挂皇帝们书写的六面大匾额，有康熙的"万世师表"，雍正的"生民未有"，乾隆的"与天地参"，嘉庆的"圣集大成"，道光的"圣协时中"，咸丰的"德齐帱载"。还有康熙和乾隆写的楹联等，林林总总，金光闪耀，满壁生辉。

福州自古有"海滨邹鲁""闽学重镇""进士之乡"的美誉。走进东厢的"福州古代教育史"展厅，可以看到，先是"衣冠南渡"给榕城带来中原先进文化，而唐后期，福建观察使李椅、常衮二次兴学，使福州教育开始兴盛。唐代福州有36人考中进士，连韩愈都赞叹福州教育不亚于长安。也就是从那时开始，福州一直是遐迩闻名的科举大府。至宋代，福州的教育达到历史上第一个高峰；乾道年间，朱熹十次来榕讲学，并和学生在榕创办紫阳、濂江、高峰等十多所书院，其时民众好学精神蔚然成风，福州成为闽学重镇、南方教育中心。有吕

福州文庙纪念孔子诞辰活动 / 林峰 摄

祖谦诗为证："路逢十客九青衿，半是同胞旧弟兄。最忆市桥灯火静，巷南巷北读书声。"福州历代有状元 26 名，其中武状元 7 名；进士 3632 名，其中宋进士最多，有 2247 名，明进士 654 名，清进士 723 名。福州还出现过一榜三鼎甲的佳话：宋宁宗嘉定元年（1208 年），状元郑性之、榜眼孙德舆、探花黄桂皆为福州人。还有，乾道二年至八年（1166—1172 年），永福（今永泰）的萧国梁、郑侨、黄定三人连续三届夺魁，创造了中国科举史上的神话。

哦，这里虽没有曲阜孔林的苍松翠柏，却有一片高尚的森林——福州还是全国驰名的"院士之乡"，陈景润、张钰哲、侯德榜……人们均耳熟能详。

置于"院士风采"图展最前面的，是邓叔群、邓拓兄弟。邓拓是难得的大才子，历任《人民日报》总编辑等职，在文史哲方面多有建树。双星灿烂，其兄邓叔群是留美博士，两次获全美最高学术学会金钥匙勋章，曾任中国科学院微生物所副所长等职，在我国真菌研究方面有较大贡献；还有研究鸟类的学者郑作新，确认我国鸟类有1244种，比英国人1863年发表的鸟类总数增加两倍多，大长了中国人的志气。

传承传统文化，生命之树常绿，看着眼前的一切，我似乎听到凤凰翔舞、百鸟欢鸣，难怪福州人尊称文庙为"先师庙"和"圣人殿"，我们应以圣人为师表、学而不厌，以为国家做一些有益的事，作为吾辈毕生之奋斗目标。

咸丰元年重建福州文庙碑记（节选）

郭柏荫

咸丰元年秋八月丁巳，福州文庙火。越九日，知府胡应泰集绅士会议于簪堂，官绅士民协力捐建，经始于是年十月，落成于甲寅六月。糜制钱七万四千串有奇。隶土工者什二而俭，茅竹之属附焉；隶木工者什六而盈，金铁丹漆之属附焉；隶石工者什二而俭，绹绳之属附焉；监工公费及转移、执事之犒，取诸其畸零。官厅改从东西乡（向），复旧规也。礲石为案，庑南添砌山墙，慎水火也。尺寸、规址刻石坎于神座下。捐赀姓名别具征信录，司其事者郭柏荫、林藩、王书云。柏荫撰记并书，刘永松篆额，匠蒋学心。

閩清文庙

闽清文庙位于福州市闽清县梅城镇南北大街，始建于北宋景德四年（1007年），邑令史温废廪地建礼殿，殿中塑先圣十哲像，两壁绘有六十大儒图，建有阁楼五座，讲堂一座，谈经楼三座。宋、元、明、清屡圮屡修。

现存大成殿、明伦堂等建筑，为清咸丰十一年（1861年）重建。总体占地面积2850平方米，主体建筑面积1347平方米，中轴线自南而北依次为门前埕、大成门、拜庭及两庑、大成殿、明伦堂、后照壁等。

大成殿为重檐歇山顶，面阔5间，进深4间，抬梁穿斗式木构架，由36根大木柱支撑，顶部有藻井。明伦堂位于大成殿后方，是古代学子听讲和学习的重要场所之一，面阔、进深均3间，单檐歇山顶。明伦堂正脊中间雕以单龙戏珠，两翘角则雕双龙望珠。

整个文庙建筑不论木、石、瓦均精工细作，油漆彩绘工艺水平高超，各大殿的立柱与梁、枋之间均雕刻有花草祥云图案，间有人物、动物形象，姿态各异，造型奇特，建筑精美。闽清文庙，历史上是福建省内仅次于安溪文庙的第二大县级文庙，也是福州地区规模最大、始建最早、保存最好的县级文庙。

2013年福建省人民政府公布为第八批省级文物保护单位。

🔖 传延铭梦　闽清文庙

翔　尘

　　时光荏苒，万物变迁，但有些历史却犹如烙刻在灵魂深处一样，难以磨灭。就好比闽清文庙，哪怕逾越了千年的沧海桑田，依然巍巍屹立，为后人述说着曾经的辉煌。

　　根据历史记载，闽清文庙始建于北宋，距今已有一千多年，经历过多朝修缮，是拥有很高研究价值的古建筑。

　　文庙位于闽清县城东，四周青山绿水，风景秀丽。此刻，站在闽清文庙前，扑面而来的便是历史的厚重感，空气中弥漫着古韵的儒雅之香，令人不由沉浸其中。虽然不是第一次来到闽清文庙，但总会不知不觉心生敬畏，仿佛穿越了历史，化身为满腹经纶的文人，慕名前来瞻仰儒学圣地。

闽清文庙大成殿 / 刘建新 摄

一路前行，经过门前埕的时候，可以看到右侧立着一块具有历史故事的下马碑，可惜已经断成两截。从门前埕踏上六级石阶，映入眼帘的便是大成门，虽说已有千年的历史，修缮过多次，但这大成门却依然保留着不少原有的历史痕迹。

大成门分外走廊和内走廊，还有三扇对开大门，正中的那扇上方挂着"文庙"的匾额。不过，整个大成门最吸引人的，便是在柱头、梁架、门窗各处美轮美奂的雕刻艺术，体现了多代建筑匠人的巧夺天工，匠心独运。抬头凝望，只见左右侧悬梁下各有盏十分精美的木制灯笼，所刻的福禄人形象，活灵活现，栩栩如生，令人叹为观止。这种雕刻在整个大成门可谓比比皆是，各种花鸟虫鱼以及神话传说图案等，想象超群，层出不穷，令我们这些现代人都有些自愧不如。如此的雕刻工艺如今只怕十分少有，一看就知道是出自能工巧匠之手。这般传统的手工艺术，若是能长久保留下来，对历史文化的研究将极有价值。

在大成门前，驻足许久，呼吸着历史的气息，感受这千年文明所积淀下来的文化底蕴以及智慧，我不由心生感叹，若是没有中华五千年的文化积淀，也铸就不出这样的历史景观。身为中华儿女，心中也是倍感自豪。

穿过大成门，映入眼帘的是一个相当大的庭院，绿树红花，古色古香，恰逢暖阳照下，和煦如春，令人心暖。这庭院内的空气格外的新鲜，有种淡淡的香味，也不知是花香，还是历史的陈香。此庭院便是古时朝拜孔圣人的拜庭，见四下无人，我不禁开始效仿古人，双手恭举，心怀敬意，深深鞠躬，片刻间，便有种被古代儒学所感染熏陶的感觉。

拜庭东西两侧各有一条庑廊，眺目而望，这拜庭和两庑的尽头便是大成殿。远望大成殿，立刻被其宏伟大气、稳重厚实的建筑风格所吸引，禁不住阔步往前，而大成殿便是文庙中的核心所在，也是极具历史文化象征的建筑。

站在大成殿前，可见正脊上方有木雕的双龙戏珠，栩栩如生，实在难以想象如此复杂的雕刻技艺竟然是出自古时的匠人之手，哪怕是现代的先进科技，也未必能够将其雕得如此生动，似幻似真，仿佛跃然于殿顶之上，翻江倒海，十分震撼。目光渐移，就见重檐四方翘角，还有八只凤凰，展翅欲翔，仿佛耳边随之响起高昂的凤吟，如此的雕刻布局与双龙相互辉映，展现出一幅奇幻独特的景象，令人惊叹！除此之外，柱头、梁等各处，也都雕刻着非常精美奇特、令人惊叹的图案。

殿悬正中上方横着一块写着"大成殿"三个气派磅礴大字的匾额，是仿雍正皇帝的御笔所制的。此外，大殿正门上方还有一块横匾，仿的是光绪皇帝的御笔。走入殿内，映入眼帘的就是厅堂正中央的那尊孔子像，惟妙惟肖，儒风浩然，两侧分别还有四尊塑像。就在孔子像上方也有一块横匾，仿的是乾隆皇帝的御笔。

立于殿中，环顾仰观，不由

闽清文庙丹陛石 / 林峰 摄

闽清文庙回廊彩绘木雕 / 龚张念 摄

心浮蔚然之景，曾几何时，此殿之中，聚集过古往今来的无数文人学子，在此敬仰孔圣之像，谈辩经纶。步出殿外，深吸一口气，挥不去的思绪，心中难以遏制的惊叹与回味。

绕过大成殿，眼前的景象再次豁然开朗，但见一座古味十足的建筑立于眼前，此为明伦堂。堂顶正中雕凿有单龙戏珠，龙姿卓越，跃然于脊梁之上，似随时会一飞冲天，寓意不凡。这明伦堂就是古代学子的学堂，主要的功能为听讲和学习。

绕回大成殿，往大成门方向原路折回，打算找个地方稍做休息。出了大成门，就听见一旁有当地老者在给游客讲闽清文庙的历史以及景观。据老人说，这闽清文庙古往今来，缺失了很多非常具有研究价值的景观。就比如这大成门前，原有的棂星门和泮池。

棂星门位于原大成门正前方，立于文庙中轴线上，本来是文庙的第一道大门。文庙设棂星门，具有很大的象征意义，将孔子与天上掌管文才的星宿相比，寓意非凡。由此可见，孔子在古人心中的地位是何等的崇高伟大！

此外，原大成门与棂星门之间，有一潭半月形的水池，名为泮池。池上还有两座石拱桥，名为泮桥。在古代，每年的春秋季节，文庙都会举办非常盛大的典礼，祭奉孔圣人。而在这大典上，还有一个规矩，就是只有至少考中秀才的文人，才有资格从泮桥上通过，然后，前往大成殿参拜孔圣人。其余的文人则必须从泮池旁绕道。由此可见，在古代，这文人的功名也决定了其在社会中的地位尊卑。所以，这泮桥在古代也被称为"功名桥"。

文庙为什么会特地建这么一座泮池，恐怕很多人都觉得不解。其实，泮池蕴藏着一些儒家思想的文化底蕴，同时，也能表达出古代文人想要平步青云、鱼跃龙门的那种期盼。站在大成门前，不由想象眼前出现了一弯泮池水，踱步上泮桥，体会古时那被仰慕奉捧、万人瞩目的状元心情，确实别有一番自豪之感。俯瞰泮池中的清澈池水，那晃动的闪亮水波，仿佛倒映出了曾经那繁盛的

闽清文庙藻井 / 林峰 摄

祭奉大典场景，心生感叹。

　　回过神，身旁的老者又滔滔不绝地讲起了尊经阁。尊经阁其实就是文庙的藏书楼，六经、御制诸书以及百家子史等，都会存于其中，供学子参考学习。只可惜，如今闽清文庙的尊经阁已经被历史的洪流所淹没，不复存在。此外，闽清文庙遗失的其他建筑，还有崇圣祠、乡贤祠、名宦祠、教谕署、训导署及射圃等。这些宝贵的历史财富的消失，对于研究古代古建筑有着难以弥补的损失，令人遗憾。

　　因为天色不早，闽清文庙之行也到此为止，不过，内心的波澜久久无法平静，有些感叹，也有些遗憾。感叹的是我们中华五千年的文化长河，正因为有这些古代文人的求知好学，勤恳文耕，才得以将源远流长的古代文化传承下来，让我们当今的文人学者参照研究，提炼精髓，继续发扬光大。但遗憾的是，在这悠悠岁月之中，也有太多的传统文化的精髓湮没于历史的长河之中，难以复得。

　　游完闽清文庙，让我对古时文人学子对治学的追求，有了更深一步的了解和认识。古代文人对于治学的追求，充满了执着与坚持，坚信一定会对整个国家以及他们的命运带来改变。

　　希望我们当今的文人学者也能继续传承这样的精神，让博大精深的中华文化永久流传下去。

永泰文庙

永泰文庙位于永泰县樟城镇西门街县府路，宋崇宁元年（1102年），本邑士绅政商首倡于此处始建儒学，后数毁数建。永泰文庙从元至明几经劫难后，经有识之县丞及邑人多方斡旋，终得复建，并拥有了一般县级文庙之体制。此时永泰文庙从前往后共三进，依次有照墙、棂星门、泮池、大成门、两庑房、大成殿和启圣祠（后堂）。清道光十一年（1831年），安徽泾县人氏包干臣为纪念先贤重兴儒学，倡修文庙。

　　现存大成殿和后殿，占地面积1500平方米。大成殿坐东北朝西南，面阔5间，进深6间，穿斗式木构架，歇山顶，栋梁雕刻精美，殿前安一对石龙柱。1987年，永泰县人民政府公布为第一批县级文物保护单位。

永泰文庙：穿过岁月的沧桑新生

许文华

一、历史沿革

永泰古称永福，雅称永阳，建县于唐永泰年间。山环水绕的永泰，历史上钟灵毓秀，富庶宁谧，尚武崇文，尤其在南宋时期，文风鼎盛，人才辈出，有黄龟年四劾秦桧，铁骨铮铮；有张元幹慷慨悲歌，忠心耿耿；有萧国梁、郑侨、黄定金殿折桂，成就"七年三度状元来"的科举奇观。

永泰文庙最早由当地士绅政商倡建于宋代，至明代，虽经历了多次毁坏与重建，但也逐步形成了一般县级文庙的体制：从前往后共三进，有照墙、棂星门、泮池、大成门、两庑房、大成殿和启圣祠（后堂）。其在元朝至顺元年（1330年）王翰问摄县事之时及明万历二年（1574年）知县陈克侯知永泰政

永泰文庙大成殿／黄文冰 摄

021

事两个时期，结构最为完整，规模最为宏大。

清道光十一年（1831年），安徽泾县人氏包干臣为纪念先贤重兴儒学，率先捐俸银一千两，携邑绅陈元封主持倡修文庙，又在樟溪南岸塔山之上兴建"三元祠"。其时，文庙为土木结构，面积约3000平方米，庙堂宽敞，庭院深深，飞檐斗拱，红墙黄瓦，蔚为壮观。至此，永泰2241平方千米大地上，重教兴学之风，较前更为兴旺。

1949年之后，永泰文庙经历了两次灾难：一为天灾。1960年10月，暴雨如注。洪水漫上溪岸，很快漫延至一箭之地的文庙，围墙倒坍，庑房被毁。"文革"来临，文庙也遭受一定的破坏：殿前木雕、石雕龙柱、棂星门、泮池、大成殿埠台均被砸毁，殿内圣像和配置礼器不知所踪，仅大成殿和后堂得以幸存。

永泰文庙的春天，开始于改革开放之后的1987年。这一年，文庙被列为县级文物保护单位。此后，文庙经历两轮小规模修缮，防火墙得以完善，大成

永泰文庙大成殿大门／陈成才 摄

殿和后堂也保持了原貌。

2007 年 4 月至 2009 年 12 月，中共永泰县委、永泰县人民政府通过向社会各界筹款的方式，募得资金投入文庙的修缮工作。此次修缮，秉承"保护为主，修旧如旧"的原则，对文庙之木质构件、墙体墙面、台基地面、屋顶瓦面、油饰彩绘、防虫防腐

永泰文庙藻井/陈成才 摄

和地下排水系统等项目，均予以科学合理的修复。历时三载，臻善告竣。

二、建筑规制

沿永泰县城县府路行来，林木葳蕤，鲜花盈眼。路右侧简洁而又庄严的大门，便是县委县政府大门。进入门内，但见芒果树列队，玉兰迎门。绿色的草坪中间，永泰"县树"——樟树老干虬枝福荫大地。整洁的水泥路边，矗立着一片老旧但雅致的办公楼群。在它们的右后方，永泰文庙赫然映入眼帘。

大成殿是一座重檐歇山顶式建筑，顶上饰着双龙戏珠，在澄明的天空、飞扬的云朵映衬之下，栩栩如生，和融灵动。金色的琉璃瓦与厚重迤逦的风火墙上下呼应，典雅高贵，古朴美观。人成殿大门是联扇雕花木门，精巧不失沉稳。门前六根大石柱，左右两根是遭毁后补上的光滑石柱，中间四根大龙柱虽只残留有龙纹样，但它们盘旋环绕，仿佛要腾空飞去，仍不失俊逸灵动，令人一面赞叹于清代工匠卓越的雕刻技巧，一面又为龙柱被损坏而心生憾恨。

进入大成殿。清康熙大帝题书之蓝底金字的"万世师表"匾额下，孔子雕像正襟危坐，只见他右手抚膝，左手握经卷，亲切而又不失威严的双目端凝平视前方，那微凸的额头里藏着华夏民族亘古的智慧，那微抿的嘴唇，似乎正要轻吐出如醍如醐一般的谆谆教诲。肃穆之余，如沐春风。

孔子身前供桌上，摆放着依古礼而献的最高规格的祭品——一猪一牛一羊，太牢之祭，石头样品。其两侧有四配祀圣像：颜子、曾子、子思、孟子。四配祀像前各供少牢规格的牺牲祭品——一猪一羊，亦为石头样品。

大厅墙边，立着孔子弟子及传人六十八贤像，均为褐色原木雕像，其下各配简洁的文字介绍。六十八贤中，有我们所熟知的冉求、宰予、仲由、端木赐、公冶长、陈亢、公西华等。

永泰文庙藻井/陈成才 摄

置身于此，不由屏息凝目，仿佛自己无意间穿越历史，来到了春秋时期的儒家讲堂，谆谆教诲，沁入心扉。

大成殿内，陈列着一架 16 件套系编钟、一架 26 件套系编磬、一架单钟、一架单磬、一架虎头建鼓等古老而庄重的乐器，它们在祭孔活动时被奏响，文化经典的气息弥漫大殿。殿内像前，亦摆有爵、尊、豆、鼎、簋、簠、灯等祭器。古乐再现，古礼犹存。

除了前文所述之"万世师表"，殿内各处还悬挂另外四方匾额，内容分别为"生民未有""与天地参""圣集大成""圣协时中"，均为清代历朝皇帝所授，各地文庙效仿摹制。另有两副楹联分别为清康熙和乾隆皇帝所撰。前为"齐家治国平天下信斯言也布在方策，率性修道致中和得其门者譬之宫墙"，后为"气备四时与天地鬼神日月合其德，教垂万世继尧舜禹汤文武作之师"。

大成殿后隔着一方坪埕的，便是启圣祠了，其建筑面积约为700多平方米，原是奉祀孔子先祖之处。此次大修之后，此地被辟为县孔子书院活动场所，讲坛，排椅，木雕《论语》语录，简洁齐整，俨然一个规范的课堂。

三、古韵新风

2010年1月3日，永泰文庙重光启户。时逢孔子诞辰2560周年，一场完整、规范的祭孔大典在此举行。

彼时，天朗气清，惠风和畅。天地永阳，山水生辉。永泰县委县政府四套班子成员及社会各界代表、数百个学生整齐列队，静候于大成殿前。正献官宣布大典开始，钟鼓齐鸣，文庙启户，六名颂典执事将大成殿大门缓缓打开。随后，"万世师表"匾额及孔子雕像之上的红纱被徐徐揭开，中华古老文化的气息扑面而来。汉服学生齐诵《论语》语录，高亢流畅的诵读声，响彻高空，荡涤人心。

之后，传统的六佾舞表演开始，男女礼生各着红、粉色汉服，手执礼器，翩然起舞。队形端整，羽翎耀目，广袖轻舒，仪步轻迈，令人叹为观止。

一套完整而规范的祭礼，在各界代表人士进殿参拜后圆满结束。在山城永泰，大典激发起民众对历史文化的探究、挖掘、整理，也让大家对永泰传统文化的未来充满憧憬。

永泰文庙重光启户活动 / 许文华 摄

这样的祭孔活动，在 2015 年夏天，孔子诞辰 2565 周年的时候，又举行过一次。

近年来，永泰文庙依托县孔子学会进行管理，向民众开放，成为一个重要的德育教育基地。县内各种门类的文化展览，也不定时在这里举行。而孔子学会的文化经典学堂，办得热火朝天，恒久延续。文化经典诵读、文化经典讲座、文化经典研讨有声有色，使永泰文脉绵延，学子出佳绩，教坛有生机，一派喜人的文化盛况。

当我离开永泰文庙，回望那不甚巍峨却典雅壮观的红墙黄瓦，它们正掩映在左右两边大樟树、西川朴新生的嫩叶巨伞之中。阳光的金色鳞片，镀得它一派金碧辉煌，光芒四射。

螺洲孔庙

螺洲孔庙位于福州市仓山区螺洲镇吴厝村,始建于南宋,明成化十年(1474年)因遭台风重建,正德、隆庆年间均有修缮,清道光元年(1821年)乡贤陈若霖等捐资重修。

螺洲孔庙坐北朝南,由大殿、门楼、泮池、棂星门等组成,占地面积1848平方米。大殿是福建省文庙中唯一的单檐歇山顶建筑,面阔5间,进深6间,穿斗式木构架。庙内原祀孔子及颜子、曾子、孔伋、孟子。半月形泮池上跨石桥,棂星门为石构三开间,门额浮雕有双龙戏珠、丹凤朝阳,圆柱上刻有飞龙盘绕、鲤鱼跃龙门。1986年福州市郊区人民政府公布为第一批文物保护单位。1992年福州市人民政府公布为第三批市级文物保护单位。

再访螺洲孔庙

林丹萍

　　第一次探访螺洲孔庙，是美妙的奇遇，当时的惊喜和赞叹仍记忆犹新。虽说是偶遇，然而它就在那里，遇到也是必然的。就是因为这一点儿奇遇的缘分，我们带着崇敬，二次探访螺洲孔庙，再一次感受到文化的洗礼。我们一行人参观了陈宝琛故居与陈氏五楼、陈氏宗祠，沿着乌龙江骑着共享单车，在狭窄崎岖不平的江边土路颠簸了十几分钟才找到观澜书院。如果说观澜书院靠江难觅，那么螺洲孔庙就是近村难寻。螺洲古镇并不大，还是村落的模样，现代化还未在乡村的外貌留下过多痕迹，人们还可以感受到古代人耕读的传统。各家宗祠、书院的存在，都说明了螺洲人重教兴化，尤其是螺洲孔庙的建立和修缮，让我们窥见这座小镇里深厚的历史文化积淀。

螺洲孔庙棂星门 / 龚张念 摄

螺洲孔庙大门／王立涵摄

这次我们还是乘坐3路公交，在终点站螺洲镇下车。一下车，低矮的房屋、混凝土外墙、石板路和淳朴的乡人映入眼帘，一股清新的乡土气息扑鼻而来。我们往农贸市场直走，在陈氏宗祠的指示牌停下了。附近没有孔庙的指示牌，尽管百度地图显示的是 U 型路线，我们还是决定不用地图上的路线，也就是尝试抄近路。

这是一条狭窄的石板路，宽还不到 1 米，两边是民居，不知是什么朝代的，天花板建得很低，屋内的设计也比较简陋。

正值 4 月初的清明节，家家户户的门上窗栏上都插着柳枝，有的门户还敞开着，偶尔见到一两个乡人蹲在门口吃饭，可见民风淳朴。

穿过小道，一块刻有"螺洲孔庙"的石碑立在我们眼前。石碑后的朱红色墙上刻有"江汉秋阳"楷体四字。与福州孔庙左右两侧各有"江汉秋阳"和"金声玉振"不同，螺洲孔庙未有"金声玉振"石刻，这还需后来者考证。

"江汉秋阳"出自《孟子·滕文公上》："他日，子夏、子张、子游，以有若似圣人，欲以所事孔子事之，强曾子。曾子曰：'不可。江汉以濯之，秋阳以暴之，皓皓乎不可尚已。'"这是孟子借曾子的话来说明孔子的思想境界十分崇高，无人能达到。

"金声玉振"出自《孟子·万章下》："伯夷，圣之清者也；伊尹，圣之任者也；柳下惠，圣之和者也；孔子，圣之时者也。孔子之谓集大成。集大成也者，金声而玉振之也。"金是指古代乐器钟，玉是指古乐器磬。孟子赞美孔子的学识就像奏乐一样，以钟发声，以磬收声，集众音之大成。大成殿中的"大成"二字也出自这里。古时候在早晨敲钟、傍晚击鼓主要是起到报时作用，螺洲孔庙的大成门两侧各悬一鼓一钟，虽不能像福州孔庙复原古代钟磬庞大隆重的乐器，但是晨钟暮鼓也足以令我们遥想螺洲古镇真实的生活气息。

螺洲孔庙在 1992 年 11 月被公布为市级文物保护单位，是福建省乃至全国极少见的乡镇级孔庙。在福州市四所孔庙中，它的建庙时间较早，最早可追溯到南宋宝庆年间，现有规模始建于明初，清道光元年（1821 年）经陈若霖等捐资重修，可谓历尽沧桑。它占地 1848 平方米，现存大殿及门楼、泮池、泮桥、棂星门等。大殿坐北朝南，面阔 5 间，进深 6 间，穿斗式木架，单檐歇山顶。可见螺洲古镇虽小，却不忽视书香传承。

螺洲孔庙汉服表演 / 王光华 摄

关于螺洲孔庙的初建，还有一个小故事。螺洲里人重教兴学，各家各户筹资捐献，创建了早期的螺洲孔庙。虽说孔子学说是全国乃至全世界的文明，但当时只有公办的孔庙才是合法的，螺洲孔庙俨然是"民办孔庙"。根据古代的规定，"京都至郡县州府方可建孔庙，民间地方不得私建"，因而当时的府县勒令拆庙。幸而螺洲一神童妙言以对，回应官府道："乡人违制兴建文庙，确为不敬，应向先师、官府请罪。然自古只闻建文庙者，而未见拆文庙者，请问，兴而复，拆者该当何罪？"拆庙风波才得以平息。如今的孔子学说已经走向世界，国内民办孔庙无疑有助于孔庙文化的发展，这正说明了孔子学说深入民心，螺洲人捐献修缮正是这一优良传统的延续。

今天我们走进螺洲孔庙，会看到棂星门左右两侧的墙壁各嵌入一块碑记，左侧是《续修碑记》，记叙了螺洲人前前后后十次修缮孔庙的历程，前八次是宋至"文革"前的修建历史，后两次是 21 世纪后的大规模重修；右侧是"孔庙重修乐助"的名单和资助金额。

螺洲孔庙大成殿 / 陈霖 摄

棂星门是孔庙内最古老的石碑坊。"棂星"是传说中二十八星宿里掌管文化的星宿，据说孔子是文曲星下凡，因而有尊孔如尊天的说法。螺洲孔庙仿福州孔庙制式，虽然螺洲孔庙的规模比福州孔庙小，但是其棂星门比起福州孔庙，雕刻和造型更加恢弘典雅。整座棂星门一字形三间六根华表式冲天柱结构，华表柱两两对称，中间一对华表间架起雕有双龙戏珠的门额，左右两对华表间架起雕有双凤朝阳的门额，门额上方是三对鲤鱼跃龙门，鲤鱼上方的华表柱有双龙相对盘绕向上升腾，寓意美好又极具观赏价值。

步入棂星门，一座横跨在半圆泮池上的泮桥映入眼帘，二者如此相契合，泮桥从半圆的弧线最高点落下，使得泮池左右对称，泮桥的另一端刚好落在泮池的直径线上，显然，这座仅 4.3 米长的三孔小桥所处的位置正是孔庙的中轴线，因而兼具造型美、数理美、时空美和寓意美。泮桥又称为"步云桥"，寓意青云直上，只有获得了秀才以上功名的读书人才能从泮桥上昂然而过，是当时读书人荣耀的象征，不愧为名副其实的"功名桥"。

泮池又称墨池，俗称荷叶池，与桥栏柱头的荷花图纹相呼应。泮池与泮桥浑然一体、朴素大方，弧形石砌造型颇具圆润厚重之感。

正前方是悬在朱红门楼的"大成门"牌匾，门前两侧披榭内，分别供奉着十三座素白孔子弟子石像。他们有的手执书卷，有的托腮凝思，有的拂袖远眺，神态皆庄严肃穆。在诸多孔庙中，七十二贤人像多有布设。《史记·孔子世家》记载："孔子以诗、书、礼、乐教，弟子盖三千焉，身通六艺者七十有二人。"因而有孔子"弟子三千，贤人七十二"之说。

螺洲孔庙的七十二贤人布设为三进式，大成门两侧为一进，东西两侧各 13 尊石雕像，共 26 尊；二进为大成殿外两侧的东西披榭内各 17 尊石雕像，共 34 尊；三进为大成殿内孔子尊像后侧的左右各 6 尊石雕像，共 12 尊，合计共七十二贤人石雕像。相比较之下，福州孔庙的七十二贤人布设显得更为统一，

这是因为福州孔庙的占地面积是螺洲孔庙的五倍，单是大成殿内就足以容纳全部的七十二尊贤人像，他们分立于大成殿内的三堵墙前，位于孔子像及孔子像两侧的四配身后。看早期的螺洲孔庙照片，七十二贤人原来只是画在墙上的彩像，如今一个个从墙上走下来，成为立体的雕塑，已是不易。这亦是螺洲人捐资筹建的，充分体现了尊师重教之精神，同时也说明螺洲孔庙的建设是因地制宜，小地方有小地方的特色，却同样保持了孔庙素有的格调和精神。

走进螺洲孔庙的大成殿，只见殿内正中塑有孔子坐像，头悬"万世师表"匾额，坐像左前侧是颜回、子思坐像，右前侧是曾参、孟子坐像。从大成殿内往外望去，中轴线上陈设着一个长方形的香炉和一个宝塔香炉。孔子名丘，字仲尼，生于春秋末年，晚年过着"一箪食一瓢饮"的清贫生活，并无大名气，然而他不改其乐，不仅首创私学，还周游列国，不辞辛劳地宣扬"仁爱"的思想，并开创了中国历史上影响深远的儒家学派。孔子不愧为中华民族历史长河中伟大的思想家、教育家，他"述而不作"，《论语》是他的弟子整理的关于他的主要言论集，其中有许多至理名言和教学之道至今仍让后人受益。

临走之前，我们在孔庙里遇到了一位老爷爷，大概七八十岁了，谈吐间自有一股文人的儒雅。他向我们介绍，螺洲孔庙曾在民国二十七年（1938 年）至"文革"之前作为螺洲小学的校园，2000 年前作为螺洲中心幼儿园，如今作为文物保护起来，显得十分静谧。螺洲孔庙始终是教育的圣地，它作为一种精神和文化的存在，将不断给后人树立榜样，勉励一代代人尊师好学，修其身而平天下。

同安孔庙

同安孔庙位于厦门市同安区三秀路216号，是厦门地区唯一的孔庙，五代末邑令陈洪济（金门人）始建于登龙坊，宋绍兴十年（1140年）迁建今址。南宋朱熹任同安主簿时，增建经史阁、教思堂及苏颂祠。元至正十四年（1354年）庙毁于火，翌年修复，后又屡经历代重修、重建及扩建。

　　同安孔庙坐西北朝东南，砖石梁木结构，占地面积6432平方米，建筑面积约1400平方米，基本保存清代中期的规制和建筑风格。中轴线上自东至西依序有大成门、中庭、大成殿，两侧有硬山顶庑廊。大成殿为重檐歇山顶，抬梁式木构架，面阔5间，进深4间，8根圆形石柱支撑屋架，石柱柱斗底部方形，中部八角，每面镌"壶"门等浮雕，上部为瓜瓣圆锥形，系五代孔庙始建遗留的原件，造型在全省绝无仅有。殿南侧是朱熹和宋代科学家苏颂、理学名宦林希元的祠堂。北侧有"兴贤育才"坊、泮池。历史上金门是同安的辖地，科甲鼎盛，但由于礼制规定，金门作为县邑无由自建孔庙，因此金门学子每逢科考都要特意来到这里祭拜孔子。2005年福建省人民政府公布为第六批省级文物保护单位。

🔖 金声玉振　文庙永恒

曾志宏

　　近期俗务繁杂颇为烦心，周末回老家同安小住一宿。次日一早，躺在熟悉的床铺，默然看着窗外逐渐明亮起来的天色，忽然想去文庙走走。

　　小城早晨，路上人不多，空气还未沾上灰尘，有种透明的轻游于肺腑中，令人神志清明。信手招来一辆人力三轮车，坐在车上，一阵清凉的风吹来，忆起那年同安首届孔子文化节上举办的一系列活动，如民间祭孔典礼、成年礼诵经，特别有意义。晃晃悠悠，人力三轮车已过东溪，绕溪岸古城墙，经墙下的青云路，兜兜转转，沿着暗红色厚实的外墙，来到文庙前。

　　小时候常在文庙外的红墙下玩耍，这么多年过去了，文庙还是记忆里的旧时模样。高达4.4米的大门依然肃穆，闽南风格的古厝屋角依然精美，前廊

同安孔庙大门 / 朱毅力 摄

同安孔庙"兴贤育才"坊／朱毅力 摄

置立四根蟠龙石柱，蓝色牌匾刻有四个金色大字——"同安孔庙"，系著名理学家朱熹所题，在初冬温暖的阳光下，静静地散发着悠远的气息。

同安文庙创建于五代末，现存建筑为清代乾隆年间拓建之规制，1987年按"修旧如旧"原则进行翻修的。我喜欢这样的修复方式，每个施工环节都在维护着文庙固有的文物价值，因此同安孔庙从石雕部件、木雕制作、砖瓦用料到屋顶剪黏装饰，都保留了清代闽南古建筑的特色。据1995年11月中国孔庙保护协会首届年会确认，全国现存完好的孔庙仅300座，因而同安这座幸存的孔庙也显得十分珍贵。纵使千年沧桑、斗转星移，四周高楼耸立，市井之声愈发嘈杂喧嚣，文庙却始终像一位睿智沉默的老者，无言坚守着一方净土。

举步越门而入，身后的车水马龙、人间烟火就此被隔在门外，仿佛拨开历史的尘埃，走进了东方儒家文化的扉页夹缝。四下空无一人，也许是来早了，也许平日里的孔庙就是这般寂寥和清净，置身其间总感觉到一种遥远的空旷，我浮躁的心境顿时平静下来，怀古尊孔之情幽生，这就是佛家弟子所说的"从宁静中安顿身心"吗？

孔子有生之年，颠沛流离于各诸侯国游说，但政治主张不为众诸侯接受，自诩"累累若丧家之犬"。在他死后漫长的中国历史上，他及其创建的儒家学派所阐发的精神与学术思想经受住了时间的考验，以礼为核心之一的儒家思想成为封建社会的正统思想，影响中国社会几千年。在中华民族几千年的文化史上，孔子已然成了中华文化的符号象征，这想必是孔夫子生前没有想到的吧。

进了戟门，是宽敞的天井，上有栏杆围绕的祭台，陛石为新制的浮龙石雕，右侧大成殿是孔庙的正殿，也是孔庙的核心，为木砖石结构，前廊后轩，斗拱飞檐，重檐歇山顶，十五檩前廊后轩式，历代均是祭孔和兴办学校的地方。我不禁驻足仰望，浮想联翩，遥想那几百年前的溶溶月华，是如何洒落在层叠交错的屋架如意斗拱和支承纵横的雀替梁枋上？遥想那"沾衣欲湿杏花雨"的旧时书塾里，蓬头稚子们摇头晃脑，"孝悌忠信礼义廉耻"书声琅琅；消瘦的私塾先生一只手用大拇指和食指捻着几缕山羊胡子，另一只手捏着戒尺的一角，眯眼聆听，嘴角露出欣慰的微笑；遥想那峨冠博带风华正茂的年轻书生，如何七步成诗落笔如有神，而后抑扬顿挫地吟咏自己得意之作的画面……在此时空里，我仿佛与一代代书生交会，闻到经史子集、诗书画篆散发出来的阵阵墨香，

同安孔庙泮池 / 朱毅力 摄

甚至能感觉到他们随风飘飞的衣袂和文人落落寡合的书卷气息。

　　片刻回过神来，这才走进正殿。大成殿具有儒家古朴的风格，8根50厘米直径本色圆形石柱支撑屋架，石柱柱斗造型奇特，其底部为方形，中部八角，每面镌"壶"门、栏杆等浮雕，上部为瓜瓣圆锥形。这种柱斗系五代孔庙始建遗留的原件，据说其造型为全省各地古建筑物所仅有。大成殿虽经沧桑，却仍然给人一种清淡文雅、沉静肃穆的感觉，这种感觉像磨砂过的蓝色印花布，像洗旧褪色的绸缎，像泛黄卷边的宣纸，空荡不空泛，低调却很厚重，深邃而不可捉摸，让人回味再三。

　　走出大成殿，沿"兴贤育才"牌坊而入，是一座单孔曲石桥，桥下面是半月形的泮池。泮池本为古时学校的水池，《礼记·王制》中说："大学在郊，天子曰辟雍，诸侯曰泮宫。"按照周朝礼制，天子太学中央有一座学宫，叫辟雍，四周环水。诸侯级别比天子低，诸侯学宫只能称为泮宫，它是官学的标志。泮宫的水只能有一半，半圆形，泮即半，故称泮池。孔子曾被封为文宣王，因此文庙中修建泮池，符合诸侯王的规制，所以，泮池成为文庙特有的建筑，象征孔子讲学的学宫。旧时规定，童生通过岁考，即算进学，又称"入泮"，成

同安孔庙祭孔大典/朱毅力 摄

同安孔庙祭孔大典/夏海滨摄

生员，民间称秀才，方可入文庙祭祀孔子，且可于泮池洗笔。当年有多少文人墨客在这里洗笔？想到这，我不禁停下来，多看了泮池几眼。桥面有二龙戏珠的石阶，来往的人争相拂触，拱桥栏杆已被磨得光滑细腻。

天井东西两侧为陈列接待室，陈列同安自新石器时代到辛亥革命各历史时期的重大史迹和十位杰出乡贤明宦的业绩，南侧是朱熹和宋代科学家苏颂、理学名宦林希元的祠堂。北侧有石雕陈列场，该场陈列着200多件当地收集的石雕碑刻，其中有唐代镇墓兽、宋代石将军、明代石马、清代石翁仲等，有序排列在一片绿草地上。更妙的是，草地上这些石雕展品，还有一部分是黎民百姓的生产工具和生活用具，如农村榨糖的"蔗碾"、压布的踏石、舂米的碓臼、碾豆饼的磨盘、洗衣服的石脚桶、喂马的石马槽、练武的义勇石以及各式各样的建筑石柱础等。这些石雕琳琅满目，千姿百态，被中外游客誉为"同安兵马俑"。初冬的暖阳下，悠远的石碑无言矗立，依稀述说着历史的一鳞半爪。

庭院深深深几许，我在静寂的孔庙里徜徉、冥思，脚下有暗暗滋生的青苔，随生随灭；有扣响石板的足音，恰似对自己灵魂的拷问。走累了，在古柏树下随处席地而坐，仰头望，天空虚蓝成某种可望不可即的境界，云翻跹而来，随性卷舒，小鸟飞过，再细看已了无痕迹。就像多少文人骚客，风流总被雨打风吹去，骈文骊句唐诗宋词元曲，大浪淘沙后留下的才是千古文章。

古人说："天不生仲尼，万古长如夜。"儒家文化逐渐成为中国的正统文化，孔子的思想世代传薪。文庙亦成了读书人的一个精神栖息地，它隔绝了外面喧嚣的世界，进来的人徜徉流连，自有其文人的意趣、念想在内。吴敬梓笔下的荆元说得好："每日寻得六七分银子，吃饱了饭，要弹琴，要写字，诸事都由得我，又不贪图人的富贵，又不伺候人的颜色，天不收，地不管，倒不快活？"窃以为，这是吴敬梓借用荆元所说，透露了一个读书人的心声，这种快活，相信如陶渊明者更有体会。

此时有几位游人进来，是一家四口，大小两个孩子都是小学生模样，他们好奇地四处张望，大一点的小学生说："妈妈，这里就在学校旁边，可我天天经过，还没进来过呢！"我这才想起，孔庙旁边就是一所书声琅琅、生机勃勃的现代化学校——同安实验小学。学校坐落在文庙旁，真是一件美事，正如古旧的文庙与崭新的教学楼相映成趣却又和谐相处一样，它的文气早已潜移默化地融入这座城市里。

这时，孩子的父亲和蔼回答说："文庙是以前古代的学校，所以今天才带你进来……"他们边说边往前走，声音越来越小直至听不见，但我想，父亲肯定正在和孩子讲述文庙的历史，这就是文脉的传承，思想的种子在孩子们的心田里种下，它会发芽、生长、开花、长成参天大树，一天天、一年年……

因为有了文庙，我忽然庆幸自己出生在同安这座小城，它素有"正简流风，紫阳过化，海滨邹鲁，文教昌明"之美誉，像一位娴雅温婉的小家碧玉，妆容朴素，笑颜内敛，气质芳华。

初冬正午的太阳晒久了，也有着炙人的温度。天地万物在阳光的照耀下，越发显得生机勃勃。我离开孔庙时，热情的工作人员告诉我，这里即将闭馆，开始为期一年的维护。那么，再见了，文庙！一年后，我一定再来拜谒您的新颜。

漳州府文庙

漳州府文庙位于漳州市芗城区修文西路2号,建于北宋庆历四年(1044年),政和二年(1112年)移于州左,南宋绍兴九年(1139年)复故址。明、清两代及民国时期,屡有修葺。漳州府学亦设于此。《漳州府志》记载南宋绍熙元年(1190年)朱熹知漳州时,"每旬之二日必领官属下州学",到此处"视诸生讲《小学》为正义";南宋建炎年间(1127—1130年),孔子裔孙孔任率家人避兵入漳,居住于此,其子孙世代相传住于庙内直到明正德年间。

　　现存建筑坐北朝南,有大成门、大成殿、两庑等,建筑面积2600平方米。现主体建筑大成殿,为明代建筑,抬梁式木构架,重檐歇山顶,面阔5间,进深6间。大殿屋檐起翘显著,两山山尖升起较高,正脊翘起,山花挑出山柱外,较完整地保留了闽南古代木结构建筑特点,尚存明崇祯年间郡守曹荃大书"游圣之门"石匾额,清康熙八年(1669年)的郡人府丞唐朝彝撰文、西宁道戴玑书丹的修建碑及民国十三年(1924年)康有为撰写的《重修漳州学宫碑》。漳州府文庙是福建省内少有的保留着相对完整的明代构架的文庙之一。2001年漳州府文庙大成殿被国务院公布为第五批全国重点文物保护单位。

🏛 文庙记录

杨西北

小时候我在漳州文庙读了近 6 年的书。

我们从外地迁回家乡，我成了西桥中心小学一年级的插班生。文庙所有的建筑都属这所小学，宽敞威严的大成殿是教师的办公室，两庑和戟门两旁的平房成了教室。街坊邻里都称这座学校为"孔子学"，彼时我尚不知孔子为何人。

我的教室在大成殿东边廊庑平房最靠南的一间。这边教室东墙外就是闹市的街道，没有窗户，仅西边有几扇窗，光线不太好。我淘气好动，曾在上课时偷偷从后面溜到前排作弄小同学，又迅速跑回自己的座位，像被昏暗掩护的小动物。写生字的时候，我在生字簿上写一行，空一行，再写一行，自认为这样看上去比较整齐，老师批评说："你原来就这样写吗？太浪费纸张，我们这里是要都写满的。"以后我就"入校随俗"了。令人奇怪的是，小同学们背诵乘法表用的是闽南本地话，读起来有歌调，抑扬顿挫，说不上好听，但也不难听。童年的我觉得这歌调与学校庙堂的气氛很吻合。

漳州府文庙"德配天地"坊／黄丽容 摄

　　三年级以后，我的淘气开始收敛，原因是注意力转移到小说上。我读了《保卫延安》《王若飞在狱中》《烈火金钢》等。有一回到新华书店，指着高高的书架上的书，请店员拿下来看看，店员打量我，探询地问："要买吗？"其实我只是想翻翻，被这么一问，心想如果不买他不一定愿意拿下来，就有些赌气地横下心说："买。"回家后，我在书的扉页写上"某某某 × 岁购于新华书店"，下面还写上日期。这本书是《林海雪原》，还算好，撞了本好小说。为什么迷上了文学书籍？不知道。这时，我的教室搬到东边廊庑平房最北的一间，正挨在大成殿边上，教室敞开，没有围墙，殿前的景物一览无余。教室外沿有几块石碑，其中有一块是康有为因文庙重修写的碑文，当然这是以后知道的，小时候看不懂。康有为写的这块石碑陪伴我们有一年。

　　不幸的是我们有一段时间失去了班主任，原来的班主任犯事被公安机关叫走，从此没有回来。一时群龙无首，立时成为乱班。不久来了新的班主任，是一个刚毕业的女学生。数十年后小学同学聚会，这位尚不见老态的老师笑着说：校长对我说你们这个班是乱班，我有点不安，刚工作，没经验，站在殿前的台阶上观察你们半天，祈望孔子公神灵辅佐。新班主任大我们没有几岁，可能没有代沟，这个班很快就被她调理上了轨道。一天上课，课文是《歌唱祖国》的歌词，班主任心血来潮问："谁会唱这首歌？"我举手，站起来壮着胆唱了

漳州府文庙大门／杨西北 摄

漳州府文庙陛石/王立涵 摄

这首旋律高亢的歌。在这间教室，此时，国风之魂大概悄无声息地贴附在我幼小的心头。奇怪的是，小学同学聚会后，班主任讲的情景烙在心头。一个短发及耳的女教师，年轻健康，她立在大成殿月台上，以温情的目光注视着眼下一群不安分的儿童，他们能够健康地成长吗？这尊雕塑般的人像，甚至有隐约可见的轮廓光，充满女神的意味。

四年级时，教室搬到大成殿西边廊庑的平房。教室外面，是大成殿正面台阶下的一片大石埕。这片石埕洋溢着不少童趣，都是因为水而来。可能下水道有问题，只要一场大雷雨，石埕立刻涨满水。雨停水退时，同学们时常会自发组织起来用竹帚下去赶水，以免水退后石埕会留下一层泥垢，其实多半是为了玩玩水。这种赶水有时就演变成打水仗，女生在教室门口三三两两笑着看，男生打得更起劲，跌倒了成落汤鸡还是笑嘻嘻的。石埕的西南角有一棵很高大的柠檬桉，这种树的树身和大小树枝都呈乳白色，我一直认为这是石灰水涂上

漳州府文庙大成殿内景／杨西北 摄

去的。那么，高高的枝头是如何涂上石灰水的呢？这个问题竟然困扰了我许久。有许多回上课，我的思想就在这棵柠檬桉上跑马，想象着工人是如何搭架爬上去在它身上涂抹石灰水。后来我才知道树身的乳白色是天生的，但是回想起之前的想象，仍一派生机盎然。这棵高大的柠檬桉现在已不见踪影。

我们在石埕做早操，集体聆听值日老师或者学校领导的讲话，讲话的内容其实很快就忘了，唯有在大殿前聆听的情景总觉别有一番感受。从石埕走上大成殿有左右两排石阶，两排石阶之间是一条石雕的龙，这条浮在斜面上的龙栩栩如生，使人有敬畏感。此时我已被"招安"，成了小班长，我们曾组织起来在周末休息时给低年级的教室洗地板，似乎因此在大成殿前受过表扬，心里甜美得很。其实，任何教义不都是引导人从良行善吗？如今石埕立着孔子塑像，像前有青烟袅袅的香炉，升学或高考前会有家长来这里上香祈愿。当然，圣人会庇佑所有努力读书的学子。

大成殿的廊前有 6 根很大的花岗石柱，柱子上攀着石龙，这龙柱让大殿平添几分森然。那时殿东头是校长的居室，偶有小孩和老人出入，中午和傍晚还会飘出炒菜的香味，生出几许人间烟火。老师在偌大的殿内集体办公，学生要进办公室，得站在门外喊"报告"，等里面任何一位老师示意允许，才可以进入。殿西头是学校少先队队部，这里曾留下一些我的印记。当时从小学三年级到六年级，每个班级都有一个少先队中队，每个年段编为一个少先队大队，全校四个少先队大队成立一个少先队队部，由队部主席和各大队长为基础组成这个全校少先队总部。记得队部主席都是由六年级的同学担任的。我读到六年级时，有幸被选为队部主席。在总辅导员的指点下，我开始了小学校园里充满童真的社会活动。每逢节日前夕，我们都要在这里相聚，煞有介事地研究少先队的工作。我发现这些少先队的干部进出少先队队部，总喜欢用手在花岗石的龙柱上摸一摸，可能是小孩子的手天生好动，也可能是舒卷在石柱上的龙露出善

漳州府文庙龙柱 / 林峰 摄

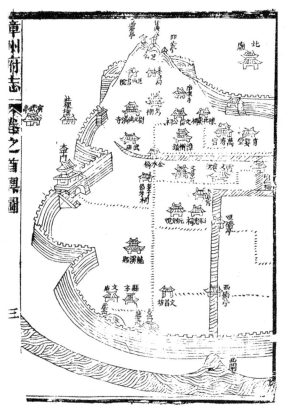
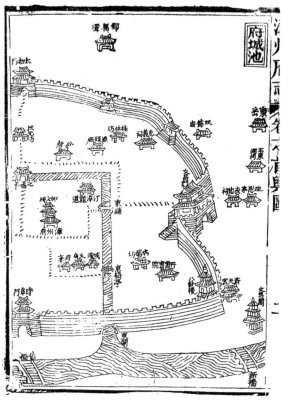

《漳州府志》府城图

意的笑容,让人感到亲近。于是龙身和龙首很光滑。

　　学校操场北边有座宽敞的礼堂,显然是古建筑,里面的柱子十分陈旧,据说原先就是府学的建筑,称明伦堂。礼堂里曾有过一个图书室,图书主要是由同学们捐赠的。我在这里借过一本林汉达写的有关春秋战国的通俗读物,读得津津有味,并记住了耍嘴皮子的政治家苏秦和张仪的名字,由此对斑驳多彩的历史人物产生兴趣。可惜不知何时,因属危房,这座古老的礼堂被拆除了。

　　文庙位于市区南部,门口街道的东西两侧各矗着一座牌坊,牌坊上镂镂着四个字,西边的是"道冠古今",东边的是"德配天地"。这些字的排列是从右到左，而我们的阅读习惯是从左到右，于是，这几个字被我读成了"今古冠道"和"地天配德"。因为上学天天都要从牌坊底下经过，也就不知道读过多少遍，总百思不得其解，也没想过要找谁问问。直到有一天豁然开朗，原来，这是对孔圣人至高无上的评价。

文庙始建于宋庆历四年（1044 年），以后历代都重修过。古时的附属建筑现多已不复存在。现在庙前街道对面一片老旧的房屋已拆除，从房基底下发掘修复了宋代年间的泮池，据说这个几十米瘦长的泮池独具特色，府志上说它状似弓弦。我对曾住在这片老屋的小学同学说，你们的故居没了，更古老的东西重现了。泮池南边铺设出一片开阔的花岗石广场，广场和碧水粼粼的泮池成了游人流连的地方，夜晚彩灯勾勒出来的线条轮廓，会引人生出许多想象。明伦堂也在重建的规划中。文庙将光复从前的模样。

如今，我的小学已迁移到别处。大成殿现在成了国家级文物保护单位，成了人们游览和朝拜的去处。

其实在我心里，它早已是一处圣洁的地方。

漳州延郡士入学牒

朱　熹

契勘州县两学讲说课程，近日以来渐有伦绪，但以州郡尊贤尚德之心有所未至，致使诸生无所薰陶涵养，以发其向道入德之趣，不敏之咎，何以自文？今睹新汀州知录黄从事，器资浑厚，操履端方，杜门读书，不交权利，乡同有识，莫不推高。若以礼请，屈居州学正录之任，兼同主管县学教导，必能使诸生观感而化，有所兴起。前州学施学正允寿、石学正洪庆皆以耆艾之年，进学不倦，强毅方正，众所严惮。林贡士易简、李进士唐咨或究索精微，或持循雅饬，察其志行，久益可观。贡士陈淳、太学生杨士训齿虽尚少，学已知方。永嘉学生徐寓务学求师，志尚坚确。凡此数士，当职所知。若悉招延，异其礼际，则凡学之子弟，藏修游息，无适而不得良师畏友之益，庶几理义开明，德业成就，仰副圣朝教养作成之意，其在外士人窃恐尚有年高德劭，同里推尊经明行修，流辈归重，而藏器自珍，不求闻达者，更当广行咨访，续议延请。绍熙二年正月初二日牒。

漳浦文庙

漳浦文庙位于漳州市漳浦县绥安镇东大街,始建于南宋庆元四年(1198年)。明洪武元年(1368年),知县张理重新修建,次年落成。之后,成化、弘治、万历、崇祯等朝均根据文庙规制进行过维修增置。保留至今的大成殿始建于明洪武年间,建筑面积约460平方米,坐北朝南,面阔5间,进深5间,重檐歇山顶,抬梁式木构架。大成殿保留着相对完整的明代构架,其殿身梁架保存有大量明代的实物构件,并加入了闽南地方建筑特色,而殿中斗拱又有宋代遗风。

　　殿内保留有明万历三十四年(1606年)《漳浦县儒学重修新明伦堂记》、明万历三十六年(1608年)《漳浦县重建儒学大门碑记》、清康熙十九年(1680年)《鼎修文庙重建明伦堂记》、清雍正二年(1724年)《钦奉上谕颁行碑》及《漳浦儒学讲堂记》等石碑。漳浦文庙是1937年"漳浦事件"的旧址之一。2006年国务院公布为第六批全国重点文物保护单位。

漳浦文庙：八百年的历史传说

邱耀斌

漳浦文庙之所以列入全国重点文物保护单位，个中原因之一是它太老了。有多老呢？到今年有821岁了。漳浦文庙始建于南宋庆元四年（1198年），现存的大成殿是明洪武元年（1368年）重建的，也有651年的历史了。

2017年修复并对外开放的漳浦文庙，修葺如旧，恢复了左庙右学两大功能区，总占地面积13 215平方米，建筑面积3200平方米。其中严格按国保要求修缮的大成殿，是一座重檐歇山顶的明代建筑，坐北朝南，巍峨厚重，沉稳大气，是省内县一级文庙仅存的明代修建的大成殿，具有很高的历史与文化价值。

一个周末的上午，冬日暖阳，我信步来到漳浦文庙，恰逢文庙里有不少的市民在驻足参观游玩。庙埕上三个母亲正带着三个小朋友在游玩，三个大人站着聊天，旁边三个小孩拿着红色气球玩耍嬉戏，构成了一个老文物地面上的"游乐图"，文庙的文化吸引力令人欣赏。我不假思索地迈过了棂星门，走了进去，在深深的庙学里，追寻自南宋以来一路留下的古老传说。

漳浦文庙棂星门／林杜鸿 摄

这是一座县级文庙中少有的建筑。说它少有，一是古，至今有821年的历史；二是特，独特的重檐歇山顶形制，抬梁式木构，拱斗架结构；三是巧，建筑技艺高超巧妙，明代建筑中的础、柱、斗拱、抬梁、顶工艺均十分精湛；四是奇，大成殿选址在漳浦县城的中轴线上，成为数百年来唐郡漳浦的"文化地标"。

漳浦县建县于唐垂拱二年（686年），唐时漳州府曾在漳浦郡治90年，就在现在的漳浦县城，当时叫作李澳川。从那时起，漳浦县城尽管历经时代更迭，风华轮转，但县城中轴线上的古建筑，至今依然雄踞向南。

中轴线上，县衙是古老而又神秘的地方，至今仍保留着正堂——亲民堂，县衙前的广场与府前街交汇，往南是居民区，再往南就是文庙，文庙前还有泮池，以及再前面的射圃。文庙中的主建筑大成殿，在中轴线上坐北朝南，见证着漳浦一路的历史文化。

漳浦文庙大成殿 / 邱耀斌 摄

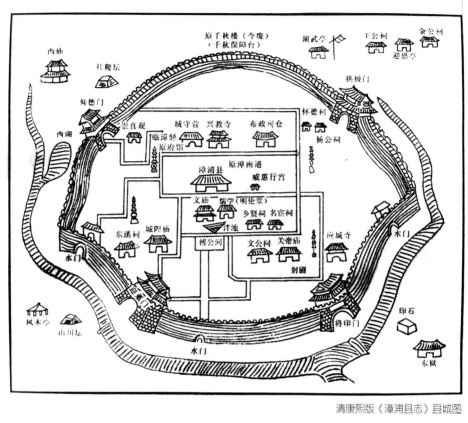

清康熙版《漳浦县志》县城图

　　参观中，我犹如穿越时空，看到了明清时期漳浦文庙周边的繁华街市、市井阡陌、人来人往——明洪武元年（1368 年），这里重建南宋庆元四年（1198年）的旧文庙，一改之前的狭小和低矮，进行了规制提升的扩建，除了重建大成殿外，还修建了东西庑、戟门、棂星门和明伦堂等，后又扩修了泮池，成为漳浦县一座规模宏伟、功能较全的"文化殿堂"。

　　在文庙的周边，除了中轴线北边的县衙之外，还有南边的泮池，西边的高登祠，西南边的南门妈祖庙，以及西北边清代建设的蔡新府第，还有老城隍庙，不难想象，在明清的县城中心，官宦往来、文人聚会以及商贾出行就在这一片区域之间，街头巷尾，酒肆店铺，成为漳浦的一个政治、文化与商业中心。

漳浦文庙大成殿重檐一角／邱耀斌 摄

二

古今多少事，淹没长河中。几百年的风风雨雨，改变了许许多多的街景，1949 年以后，文庙里的各项配套建设或倒塌，或改建他用，只剩下大成殿基本完好，形单仃立。

之前，我曾多次来过大成殿，静观其殿，震撼于它复杂却实用的内部构造和精美而高超的建筑技艺，试图探求它朴实的使用功能和悠久而非凡的文化意义。让我们一起来领略大成殿的独到之处吧。它整个外形呈正方形，最外沿是石条，包着土台基，正面六根大石柱支撑前廊、屋顶，就像是一个明代的大纶巾。

近观此殿，重檐歇山顶，上覆红色筒瓦或板瓦。面阔 5 间，进深 5 间，第二进作扉门，左右后墙用夯土墙，整个外形线条简洁、坐相牢固。

进了大门，豁然开朗，数百平方米的大厅内，36 根木柱布局规整，正金柱础直径巨大，达 50 厘米，四周用仰覆盆式或覆盆式柱础，正金柱用覆莲瓣柱础，下垫方形础。石头的柱础托顶着大木柱，木柱再顶着层层的木斗拱，显得十分的精美合规。

据漳浦县博物馆专业人士介绍，大成殿的木斗拱结构设计十分精巧，是整座大殿的精华所在。外檐柱头为假昂做法，补间拱为真昂做法。内槽柱头、补间头号拱、转角斗拱等斗拱不仅精美，而且美观耐用、精巧牢固。古代人民的木作智慧，令人叹服。

斗拱和顶梁的衔接也十分巧妙，梁架、藻井、天花草架等延伸木件制作精良，还有不少装饰的木作镂花板，足见这是明代漳浦建筑的顶尖之作。

大成殿建造精美，牢固经久耐用，具有重要历史意义。2006 年 5 月被国务院公布为第六批全国重点文物保护单位。

三

走出文庙看文庙。作为中国历史上祭奠孔门诸贤、发扬儒家学说、传播中华文明的文化殿堂，漳浦文庙的一脉相承，大成殿的历史印记，让我们仿佛看到了漳浦明清时期的一幅文化活动记载图。

明清时期，尽管朝代更迭，但战火纷飞的局势也基本影响不了远离北方政治中心的闽南。漳浦作为背靠漳州、面向台湾海峡、丘陵间有良田沃野的宜居之地，数百年的休养生息、安定发展，使得这一时期漳浦社会、经济乃至文化的水平达到了一个新的高度。据统计，仅科举方面，明清时期，漳浦共出了 148 名进士，比唐宋元的 19 名多了许多。这从另一方面说明，社会的稳定促进了文化事业的发展与进步。

当时的漳浦文庙陈列着诸多圣哲塑像。据县志记载，明清文庙中，正殿塑孔子及其弟子四配十哲像。"四配"即在正殿之东配祀颜回、孔伋，西配祀曾参、孟轲。"十哲"配祀于大殿两边，东边配祀闵损、冉雍、端木赐、仲由、卜商五人，西边配祀冉耕、宰予、冉求、言偃、颛孙师五人。两庑又配祀先贤62人，先儒35人。每年春秋仲月，文庙都要举行一次盛大的祭祀活动，这应是彼时全县一年中的文化盛事。

历史就是这样丰富与独特，漳浦文庙不仅文化内蕴深厚，使得漳浦的文脉生生不息，还在一个特定的历史时期，增添了革命印记。

据漳浦县委党史室资料记载，1937年7月13日，闽粤边抗日红军下山接受点编，驻扎在漳浦县城文庙。7月16日，国民党军157师背信弃义，在体育场埋伏重兵，借操练为名，将近千名闽粤边红军强行缴械，关押在漳浦文庙的大成殿等建筑内。当晚，百余名红军伺机脱离，在中共漳浦县委接应下，聚集于清泉岩重整红军抗日武装，重建红三团，卢胜任团长。该事件被称作"漳浦事件"。

"漳浦事件"最终得到妥善解决，闽南抗日民族统一战线局面得以形成。漳浦县城文庙大成殿作为闽粤边抗日红军遭国民党军关押的旧址，成为闽南红三团的革命史迹，也是漳浦县城红军活动的文物点之一。

斗转星移。如今，漳浦县城对文物中的古建筑进行了妥善的保护、修建，已全面设计、着手修缮国家级重点文物保护单位漳浦文庙，目前大成殿已经修葺完成，新建了东庑、西庑、戟门、棂星门、大成门、文昌宫、道义门、明伦堂、泮池等建筑。如今，这里已成为按原有建筑风格修建的"府前唐街"中的国学旅游教育区，供人们祭祀、讲学、游学，拓宽了中华传统文化的视角，延伸了历史，重现千百年来县城中轴线上漳浦人心目中的"文化地标"。

平和文庙

平和文庙位于漳州市平和县九峰镇平和二中内，明正德十四年（1519年）始建，是明代著名思想家、军事家、时任都察院左佥都御史的王阳明亲自规划、设计的。王阳明为了达到"设县治以控贼寇，建县学以易风俗"的目的，奏请朝廷以府级规格建设，使文庙的建筑规模、质量、艺术水平都大大超过了当时一般的县级水平。黄道周曾赞其"庙宇轮奂，甲于他邑"。明嘉靖、明万历、清康熙年间重修。现存大成殿、明伦堂均为明代结构。另尚存棂星门石构件及御制碑1方、重修碑记5方。

大成殿坐北朝南，建筑面积约500平方米，重檐歇山顶，面阔5间，进深3间，殿身梁架遵循闽南建筑特有的插梁叠斗、五架坐梁结构法则，梁架保存完整，雕花构件均镂空精雕。明伦堂单檐硬山顶，面阔3间，进深4间。将檐廊的内侧围入大殿的室内，扩大内部空间及使用面积，是该文庙最具地方特色的建筑手法之一。2001年福建省人民政府公布为第五批省级文物保护单位。

🎋 走近平和文庙

卢一心

有时候我会想，与大儒坐而论道，和与凡夫闲话家常，会有何不同？与时空对话，和与历史谈心，哪个更深入？文化是一种让人看不见摸不着的东西，可它却在影响着每个人，这就是文化的宿命。

文庙，又称孔庙、夫子庙、至圣庙、先师庙、先圣庙、文宣王庙，乃纪念和祭祀我国伟大思想家、政治家、教育家孔子的祠庙建筑，全国各地均有设置，大大小小何止百座，较为著名的有南京夫子庙、曲阜孔庙、北京孔庙和吉林文庙，并称中国四大文庙。从寺庙文化而言，文庙堪称中国传统文化的浓缩，也是最有代表性的文化建筑。

平和文庙首推九峰文庙，位于平和县九峰镇，现平和县第二中学校内。过去其主要功能属于学庙，始建于明正德十四年（1519 年）， 2001 年 1 月，

平和文庙大成殿 / 黄振文 摄

平和文庙大成殿屋檐 / 黄振文 摄

福建省人民政府公布为第五批省级文物保护单位。说起九峰文庙，首先要提起一个人，他就是明代思想家、军事家，心学集大成者王阳明。王阳明被誉为平和"开县之父"。

明正德十一年（1516年），时任都察院左佥都御史的王阳明，奉朝廷之命，驻漳平叛，取得大捷，为求长治久安，于明正德十三年（1518年），奏请朝廷设置"平和县"，取"寇平而人和"之义。王阳明因此被后人称为平和"开县之父"。当时县衙设在今平和县九峰镇，在此之前，平和县名为"南胜县"，后改为"靖和县"，管辖范围包括现在的南靖县和平和县。平和县至今已有超过五百年历史了。

历史往往就是这样，王阳明置平和县后，也把京城文化带到了平和县。一时之间，原本贫穷、落后甚至有点野蛮的原始山区受到了都市文明的冲击与碰撞，血性的因子融入柔情的元素，文明成了当时人们内心疯狂的渴望与追求。平和也因此从原始的农耕文明开始转化为商业文明，乃至都市文明。只可惜，平和九峰旧县城还没有完成文明的转换，县城就搬走了，只留下不完整的过去。

　　其实，这不能怪王阳明。他原本只是个有思想的文化人，之所以不小心变成了军事家，依我之见，完全来自朝廷权贵的傲慢，或说来自朝廷权贵的一场恶作剧。有一点可以肯定，当时的王阳明肯定得罪了朝廷的某些权贵，之后才被贬到闽地去镇压反叛势力，否则，为何偏要叫一个秀才去带兵打仗？有意思的是，王阳明首次带兵打仗却意外取得大胜利。但不知这算不算是上苍故意开的一个玩笑。让人没想到的是，或许这原本只是某些权贵们的一场恶作剧，无意中成就了一代思想家和军事家。可以想象得出，弄巧成拙的权贵们当时是

多么的气馁和尴尬。或许这真的是天意，又或许正是这个原因，今天中国的行政版图上才有"平和县"这个区域名称。然而，这一切对王阳明而言，或许都是最好的安排。谁说不是呢？

　　话说回来，当王阳明把京城文化，或叫都市文明带到平和县，并在县城中心设置了文庙后，平和县原有的农耕文明才开始发生变化，而这一切从某种意义上讲要归功于平和文庙的建制。平和县自从有了文庙以后，商业文明和都市文明开始改变平和人民和脚下这块土地，这是很重要的一个起点。且看它所带来的影响吧。目前九峰老城仍有一条从明代至

平和文庙龙柱／黄振文摄

平和文庙国学课 / 黄振文 摄

今保持完好的老街，位于九峰镇西门墙脚下，老街两边是单层小店铺，店铺都有一个活动木窗，也叫"店窗"，窗下为墙裙，上半部四周刻有凹槽，再配上活动长条木板，早市开张时卸下小木板便是铺面，晚上打烊时装上木板便是墙壁。街道不宽，约1米多，弯弯曲曲沿着城墙延伸，鼎盛时总长1000多米，有200多间店面，有食杂铺、糕饼铺、药铺、茶叶店等，街头庙前还有专门卖猪仔的场地。如今，我们从陈旧沧桑但仍保留古朴本色的小店门楣上，还可以隐约看见诸如"瑞芳"等字号，昔日的老街情景如在眼前，这就是商业文明留给我们的宝贵记忆。

回想一下，假如没有文庙的洗礼，当时的九峰县城能那么快兴盛起来并让老街保留至今吗？九峰文庙，确实是一座颇具传奇的庙宇，首先它是府级建制，相当于现在的市级。这种建制规格对于当时的平和县而言，无疑是超标的，历史见证了这一切。九峰文庙分为大成殿和明伦堂，有宫墙、前埕、仪门、泮池、棂星门、月台等。大成殿是主殿，也是过去官员和读书人读书、祭祀孔子及诸贤的地方。九峰大成殿中悬挂着"万世师表"金字大匾，殿身架构精雕镂花，美奂绝伦。夕辉下，更显静穆庄严，高贵典雅。大殿前有两根蟠龙柱，龙柱上的龙是五爪，按传统说法，民间只能用三爪或四爪龙的图案，而九峰文庙龙柱上的龙是五爪，可见其已达皇室规格，不同凡响。当然，文庙只是一个载体，关键在于其营造出一种文化氛围，一种来自于华夏文明根基的大儒文化。

华夏民族五千年来一孔子，平和县城五百年前一文庙，诉说了多少历史，多少过往的云烟，谁也数不清，但王阳明和文庙踮高了平和人的脚跟，这是事实。其实在九峰，除了文庙外，还有九峰城隍庙，也是"府级建制"。而我之所以要提九峰城隍庙，是因为在九峰，或在平和，只讲文庙不讲城隍庙，总觉得不够完整。但要说九峰城隍庙，就必须再提到一个人，他就是九峰城隍庙的

平和文庙书画展览 / 黄振文 摄

主神——王维。

　　王维，字摩诘，号摩诘居士，河东蒲州（今山西运城）人，唐朝著名诗人、画家。有人说，王维是王阳明崇拜的偶像。也有人说，是因为两个人都姓"王"，所以王阳明才把王维请来当城隍爷。首先，王阳明请谁来当城隍爷一点都不奇怪，因为王阳明是当时平和县名义上的最高长官，想立谁为城隍爷可以自己拍板；其次，王维官至尚书右丞，请他来当城隍爷并不为过；再次，也是最重要一点，就是两人志趣相同，都是诗人，又都对儒、释、道三教深有研究，可谓知己。

　　而我之所以要提起九峰城隍庙，也是因为在我的认知里，九峰城隍庙和九峰文庙确实具有相同的特质。譬如，王阳明以府级规格亲自筹建九峰文庙，乃基于"以易风俗"的初衷。同样，九峰城隍庙亦承载着教化的功能和作用。城隍庙里"黑白无常"被奉为左右将军，殿前左右横廊，廊壁画着《二十四孝图》《十八地狱图》，表现城隍文化和信仰，这些都和文庙性质相似。故从某种意义上讲，视天下庙宇文化为一家，也未尝不可。尤其将其放在华夏文明的大背景下，其性质和功能是一样的。

　　此时，当我漫步在文庙的殿堂和走廊，感受到背后仿佛有一双大儒的眼睛正深邃地注视着我，注视着万千世界和历史风云。

明隆庆元年（1567 年）海澄设县，建县之初郡守唐九德即创设文庙。海澄文庙位于漳州市龙海县海澄镇龙海二中内，坐东北朝西南，建筑格局依次为泮池、大成门、月台、大成殿、崇圣祠，左右两庑各五间，东庑为名宦祠，西庑为乡贤祠，总占地面积达 1000 多平方米。

　　主殿大成殿，面阔 5 间，进深 3 间，重檐歇山顶，殿前是月台，月台正面为御道，饰盘龙浮雕，雕刻精细。月台前立有一尊 3.2 米高的孔子石像。该雕像为当代著名雕塑家、厦门大学教授李维祀设计。1942 年，在文庙的旧址创办了"海澄县立初级中学"，此后文庙一直作为学校使用。如今，海澄文庙被辟为龙海二中图书馆。1987 年龙海县人民政府公布为第二批县级文物保护单位。

品读海澄文庙

陈　馨

　　品读海澄文庙，如面对一位经历岁月沧桑、尘封了许多旧事的历史老人。这位老人名字叫孔子，是一位响当当的大人物。毫不夸张地说，孔子这个名字在中国，甚至说在华人世界中，都可算是耳熟能详。他被称为"至圣先师"、儒学始倡者，为世界十大历史文化名人之一。

　　历朝帝王对孔子尊崇备至，在历代统治者的推动之下，全国不论何地，只要一设立县级及以上行政机构，就会相应地配套设立文庙。在礼制的束缚之下，各地文庙都呈现比较单一的面目。无论是规制还是建筑风格都或多或少仿照曲阜文庙。令人深感兴趣的是，海澄这座"源于海丝"的文庙，不仅在建筑上少了些儒学礼制的束缚，渗入了些侨乡特色的建筑风格，而且还蕴藏着很多与海

海澄文庙外景/陈馨 摄

上丝绸之路有关的故事。

谈起海澄文庙，当地人都能如数家珍。海澄，又名月港，地处福建东南沿海。明初，政府历行"海禁"，泉州港"朝贡"贸易日趋衰落。有着丰富航海经验的月港人，冲破明王朝设置的"海禁"，兴起民间海外"违禁"贸易，且呈迅猛之势走向兴盛，至成化、弘治间，月港已呈现"人烟辐辏，商贾咸聚，方珍之物，家贮户藏"的繁荣景象，遂成为闽南一大都会，时有"小苏杭"之称。然而，经济的高速发展，并没有带来社会的安宁和文化的繁荣，相反，在"只搏黄金不搏诗"的畸形条件下，社会动荡不安，百姓的正常生活都难以保证。有的乡民为了更快获得金钱，甚至勾结海盗骚扰与劫夺当地

清康熙版《海澄县志图》

民众的财产。为加强管理，确保安宁，朝廷于明隆庆元年（1567年）设置海澄县，解除"海禁"，在月港设洋市，准贩东西二洋。同年，为教化世俗，改造剽悍民风，明政府在月溪西岸豆巷社（今龙海二中校园内）兴建文庙。

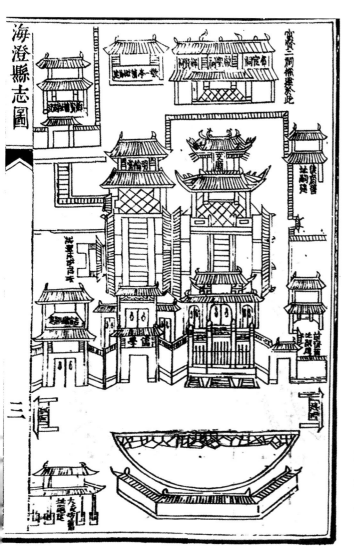

海澄设县治，海澄文庙兴建，月港准设洋市、贩东西二洋同在明隆庆元年（1567年），海澄文庙是与月港开洋市同龄的标志性古建筑，是月港兴盛时国内外商人、航海船员、旅游者拜祭与祈福的胜地，为研究月港发展历程提供重要实物见证。1987年龙海县人民政府公布为第二批县级文物保护单位。

相传，文庙所在地是一处风水宝地，后面是繁忙的7个码头，左边是喧闹的豆巷商业街，与县城一河之隔。据地方史料记载，海澄文庙始建时规模宏大，除主殿外，还有明伦堂、敬一亭、教谕署、训导署、崇圣祠、名宦祠、乡贤祠7所配套建筑。由于文庙的建立，加上历任知县大多重视文教，为海澄培养了不少著名人物，赢得当时人士的称赞。据不完全统计，从隆庆四年（1570年）至崇祯末年（1644年），海澄共出进士36位，举人68位，其中还出现过在全国有影响的精英人才，如载入《明史》、死后被祀于海澄文庙乡贤祠的周起元等。同时，社会风气也有了很大好转，乡民开始从"只认钱不认人"转化为既拼命赚钱又当善人，如记载在地方史志中的蔡志发。据我所知，在史志中记录当时海商人物是比较罕见的，但清乾隆二十七年（1762年）《海澄县志》卷十二"人物传"对蔡志发有这样一段记载：明，九都豆巷人，生平孝义，辛勤经商，所得尽归其父，不入私囊，兄弟五人并相友爱，同爨四十余载。尝捐赀累石，砌容川码渡头，海沧、衙里、澳头、石美、厦门、溪边、安海、石码、北溪等处往来渡船便之。万历十八年（1590年）岁饥，谷贵，适志发所驾广船二只，载米二千余石，平价售人，存活甚众。

海澄文庙大门/陈馨 摄

海澄文庙，几度沉浮，几度重修。虽然原建筑群面积有2674平方米，现存面积只有1673平方米，不过，始建时的规制照样没有改变，还保持着明代建筑风格；仍然以大成殿为中心，排列顺序也仍然保持原样。

现在，我们看到的是20世纪末重修后的文庙。历经多次修缮后的主殿大成殿，碧蓝天幕下，朱顶飞檐的剪瓷雕流光溢彩。大成殿的重檐歇山顶富丽堂皇，抬梁式仿古木构件历史感厚重。修缮一新的主殿大成殿，简约沉稳，大气磅礴，与现代化的明丽校园相得益彰。现在的大成殿，面阔 5 间，进深 3 间，重檐歇山顶，悬挂着清康熙皇帝御书 "万世师表" 匾。匾牌下立着一尊孔子花岗岩石像，孔夫子安详站在条石垒砌的台基上，两袖清风、垂拱而治的仪容里满是仁和中庸与温良恭俭让。

殿前是月台，月台正面为御道，饰盘龙浮雕，雕刻精细。月台前用条石铺成埕院，两侧为东西两庑，两庑供奉孔子 123 位儒家先贤。埕院前为门厅，门厅前为石埕，石埕前为泮池。泮池半月形，两石拱桥跨越其上。泮池左侧遗留 "文武官员军民人等至此下（马）" 残竖碑一方。泮池前立有一尊由著名的雕塑设计师、厦门大学教授李维祀设计的 3.2 米高的孔子石像。

现在古月港海丝遗迹所剩无几，孔庙成了仅存的几个遗迹之一。它也成了龙海二中的一张名片。如今文庙前水波粼粼的泮池上，两座拱桥临水照影，

海澄文庙 "校园文化节" 活动 / 陈馨 摄

海澄文庙祭孔活动/陈馨 摄

融实用与美观为一体。古雅淳朴的夫子亭伫立在层层绿荫中,诸多古代石雕与芳草落英浑然一体,相映成趣。两座严谨对称的泮桥各自对应着两座教学楼——东教学楼和西教学楼,每到上下学时间,这两座桥就成了同学们的必经之路。

20 世纪 90 年代以来,至海澄文庙观光瞻仰的人络绎不绝。1998 年,孔子第七十六代孙、民革中央副主席孔令仁女士专程前来参拜,盛赞孔子雕像逼真。台湾同胞、港澳同胞、海外华人华侨前来瞻仰参拜者不计其数。2006 年,在"校园文化节"期间,应邀前来学校讲学的台湾词坛泰斗庄奴曾经幽默地说:"很想当龙海二中的学生,因为这里有座孔庙,很有文化氛围,早知道孔夫子在这里,自己早就来此学习,和所有的学生一样当孔夫子的弟子。"当孔夫子的弟子是龙海二中学生的荣幸,从 2006 年开始,学校每年九月间都以纪念孔子诞辰为契机,举办"校园文化节"系列活动,形成独具特色的校园文化。在校园内,孔庙是一块意境深远的文化净土,处处流淌着道德文化的光泽,也正是这种道德气氛,使我们在靠近孔子在海澄的庙宇时,不得不屏住呼吸,小心翼翼地挪动着脚步,真怕惊动了这位影响了中华文明两千五百多年的历史文化名人。

泉州府文庙

泉州府文庙位于泉州市鲤城区中山中路泮宫内，占地面积 6 万多平方米，是我国东南现存规模最大的孔庙。该庙始建于唐开元末年，由当时的宰相张九龄题匾"鲁司寇庙"。五代时，改为宣圣庙。北宋太平兴国初移建今址。南宋绍兴七年（1137 年）重建左学右庙。历代屡经修葺达十九次之多，清乾隆年间大修。现存大成门、泮池、大成殿、左右廊庑、明伦堂等建筑，是集宋、元、明、清四朝建筑风格于一体的大型古建筑群。1985 年 10 月，福建省人民政府公布泉州府文庙为省级文保单位，2001 年国务院公布为第五批全国重点文物保护单位。

大成殿是福建省文庙中唯一的重檐庑殿顶建筑，抬梁木架构，面阔 7 间，进深 5 间。泮池上有元代建造的泮桥，石构梁式，桥面铺长方形条石 72 条，象征七十二贤人。府学范围内原有乡贤名宦祠、状元祠等 18 座，现保存蔡清祠、李文节祠、庄际昌祠 3 座。

在闽台两地儒学文化的传承中，泉州府文庙扮演着重要的角色。明清以来，泉州府文庙培养出来的众多人才东渡台湾，推动台湾儒学起步发展。台湾儒学发展之后，反过来又与泉州府文庙保持密切联系。2009 年，首届闽台文庙保护学术研讨会在泉州市拉开序幕，这是海峡两岸首次携手召开保护孔庙学术研讨会。

邹鲁遗风府文庙

林轩鹤

　　初夏傍晚，微风轻拂。我们沿着泉州市区中山街，走向著名的涂门街。这条才一公里的小街，竟能将这座城市的历史作如此精致的收藏，让人从中读到泉州人文精神的精髓。这里排列着清净寺、泉州府文庙、关岳庙、世家大厝、棋盘园、状元第等十几处文化遗存。我们翻阅着这些精美的收藏，与历史老人一道诉说着古城的荣光。

　　泉州府文庙便是这些文化遗存中的一颗璀璨明珠。府文庙位于泉州市鲤城区百源川池畔，又称孔庙或府学。泉州府文庙历史悠久，规模宏大，规制完整，建筑优美，造型独特，是宋代中原文化和闽南古建筑艺术的有机结合，是东南沿海乃至东南亚地区传播以儒学为中心的中华传统文化的重要基地。2001年被列为全国重点文物保护单位。

泉州府文庙泉州教育史话馆 / 欧阳良鹏 摄

泉州府文庙泮池/许兆恺 摄

我们从涂门街过来，第一眼就看见一座五门的大牌坊，中间门额有"文庙"两个大字。走过府文庙牌坊，便走上了洙泗桥。"洙泗"孔子家乡的两条河流——洙水与泗水。传说中，孔子曾在洙水和泗水之间设坛施教，因此，"洙泗"也就成了儒家的一个代名词。

过了洙泗桥，是府文庙广场。广场由青一色的花岗岩铺就，周边是以榕树为主的草坪花圃。广场上人们正在做着各种运动，一群老人在打一种太极柔力球，有对打的，也有单打的。而孩童则天真无邪地奔走追逐着，成双成对的恋人手牵着手，还有匆匆而过的行人，这让文庙在安静祥和中，又有了几分生气。

广场左侧、孔庙西南边，面临泉州中山路南大街，是两层阁楼式的泮宫古迹。泮宫虽地居闹市旁，却显得闹中有静。泮宫亦称圣贤门，坐东朝西。宋代时候建筑已经损废，后来改为水泥仿木建筑，歇山顶二层楼阁式，面阔三开间，中间为通道，门楣上横书"泮宫"两个大字。泮宫即学宫，周代诸侯的学校前面有半月形的水池，取名"泮水"，诸侯的学校就称为"泮宫"。到了明清时期，科举制度规定，学童考进县学成为新进学员后，必须入学宫拜谒孔子，这种仪式叫做"入泮"或"游泮"。泉州泮宫刻有一副楹联："海国闽疆东南重镇，典章文物邹鲁遗风。"到访府文庙的专家、游客，时常先往这里赏读这副楹联。这副楹联也成了府文庙乃至历史文化名城泉州的生动写照。

广场一侧还有棂星门遗址和几通古碑。棂星即天上文曲星，各地以"棂星"

命名，则表示孔子是天上文曲星而降。府文庙棂星门建于南宋，几经重修和移建，最后被拆于 1972 年。古代学子们赶考之前，拜完大成殿的孔子像后，就会来到棂星门边的"夫子泉"边求个好彩头。他们在此饮一瓢清洌的夫子泉水，祈求应考能够高中。泉州古代从这里走出去无数秀才、举人、进士、状元，他们的背影定格在史书上，构成泉州一道延伸的文脉。

步入广场，走向大成门。 大成门是文庙第二进院落的正中大门，现存的是清末建筑。走近观赏，其为单檐悬山顶，砖木结构。有三开间，二进深，东西两端连接"金声""玉振"两个旁门，并连成一体，宽 61 米，深 10 米。大成门与"金声""玉振"两门，取自《孟子·万章下》"孔子之谓集大成者"一语，意为孔子思想集古代圣贤学说之大成。仔细一看，大成门的两边有一对青石花鼓，屋檐下则左右立有两尊"避邪"，明间有大型"万字不断墙"的砖砌壁饰，凸显文庙谨严的气氛。

进入大成门，再下几级台阶，正中间是一露天广场，由花岗岩石板铺砌而成。其东西各有一座石构朝门，原来是木结构牌坊，后来改为石构建筑。东

朝门内写有"贤关",外写有"礼门";西朝门内写有"圣域",外写有"义路"。该广场宽66米,深60米,原来铺有石板3000条,暗喻孔子三千弟子。

在大成门内大成殿前方的大水池便是"泮池",呈半月形,南岸半圆,北岸平直,池水可随潮汐变化。中间纵贯一座石桥,桥长约20米,中间略拱凸,用石板横铺,并护以栏杆。栏柱雕石像,象征太平景象。桥板共72条,隐喻孔子有七十二贤弟子。此石桥筑于元代,整体风格朴素庄重。桥下微波荡漾,人从桥上走过,清风拂面,顿生神态举止端庄雍容之感。

进入正殿,但见孔子塑像落座中厅。我注视着孔子塑像,感觉他目光炯炯,似乎在望向远方,又似乎在思考着什么。我静静注视着,想象着他当年讲学时的情景。正殿正厅上方梁上悬挂有清康熙皇帝御书"万世师表"、雍正皇帝御书"生民未有"、嘉庆皇帝御书"圣集大成"等匾额,显得金碧辉煌。大成殿殿身为斗拱抬梁式木结构,以48根白石柱承托。再看那两根浮雕盘龙金柱和六根浮雕盘龙檐柱,风格素雅古朴。殿内东西两边对向放置四个木龛,称为四配,供奉颜回、曾参、孟轲、孔伋。殿内东西两侧还设有两龛,分别供奉闵子、仲弓、子贡、子路、子夏、有若、冉耕、宰予、冉求、子游、子张、朱熹十二贤哲的画像。这里还展示一些传世文物,如祭孔乐器、舞器、礼器等,人们可

泉州府文庙泮桥/欧阳良鹏 摄

在此了解一些祭孔的礼仪。

府文庙里还设有"泉州府文庙文物陈列馆""泉州历史名人纪念馆""泉州古代教育展览馆"等。

历史文化名城泉州历来书院林立、文风鼎盛，素有"海滨邹鲁"之称。泉州府文庙是泉州古代文化教育的殿堂，也是泉州现存大型宋代建筑之一，在全国上千座孔庙里是罕见的，有很高的艺术和历史价值。

值得一提的是，泉州府文庙是 2016 年央视春晚泉州分会场所在地。就是在这里，央视春晚把泉州历史、闽南文化倾情奉献给海内外观众。

泉州府文庙砖花图案 / 林峰 摄

现在，每年的春秋季开学前，泉州府文庙都会连续三天举办新学年"拜孔子　送红蛋"活动，让老师、学生和家长更近距离地了解儒家文化，进一步弘扬尊师重教的社会风尚。每年夏季，府文庙广场常有戏曲、南音专场演出。而到了中秋节时，诗人们更是汇聚一堂，月光下，他们一边吟诗作赋，一边饮茶赏月，感受千年文化魅力，别有一番韵味情趣。

泉州是乌龙茶的故乡，朋友相聚，围炉而坐，各把上一盅香茗品尝，或读书看报，或谈天说地，实人生一大快事。我们就近找了一家

泉州府文庙抱鼓石 / 林峰 摄

泉州府文庙夜景 / 蔡永怀 摄

古色古香的茶肆坐下。茶香飘荡，音乐轻淌，我们陡生回归自然之心。

茶肆窗外是一树刺桐花，一朵一朵盛开着的花瓣，红艳艳地漫了整个枝头。因为有了这刺桐花，古城的黄昏有了无尽生机。

夜幕降临，月上树梢，文庙广场，欢歌笑语。南曲声声，悠扬动听，时而像岩洞滴水那么飘逸悠闲，时而像林间啼雀那么婉转多情，时而像骤雨叩窗那么激起欢悦。一曲《出汉关》，一曲《长台别》，还有一曲《梅花操》，一曲《八骏马》，如此优美动听！

月上中天，洒下清辉。此刻，台上台下融成一片，到处洋溢着浓浓的艺术氛围和欢快祥和的气息。悠扬的歌声、欢快的舞韵已经渐去渐远了，可是留给人们的，却是一份美好的回忆……

泉州府文庙《本府正堂金示禁》

　　文庙栅栏外不许侵占、搭盖，排卖货物，污秽作践。如违，立拿重处。

嘉庆十五年肆月□日，绅士同勒石

惠安孔庙

惠安孔庙位于泉州市惠安县螺城镇西北街城隍口5号，宋太平兴国年间始建，后经十多次重修、增建或改建，四迁庙址。元元贞元年（1295年）迁回原址重建。

　　现存遗构为清光绪十八年（1892年）重建，占地面积约3000平方米，坐北朝南，由照墙、棂星门、泮池、大成门、两庑、大成殿、崇圣祠组成。大成殿面阔5间，进深4间，建筑面积370平方米，重檐歇山顶，抬梁穿斗式木构架。1984年惠安县政府公布为第一批县级文物保护单位。2005年福建省人民政府公布为第六批省级文物保护单位。

惠安孔庙的前世今生

陈婷玲

嘉靖六年（1527 年），一个白雪纷飞的冬日，心血来潮的明世宗叫来内阁辅臣谢迁、张璁，不无炫耀地说："朕因前日听讲官们解说《心箴》，连日茶饭不思，感觉其中大意对正心修行颇有助益。昨日朕试写一篇，并且加以注释，与卿等看看。"善于见风使舵、溜须拍马的张璁，马上郑重其事地建议，将皇帝大人撰写的《敬一箴》《心箴》注文以及程颐视、听、言、动四箴注文刻石立碑，并颁行天下府、州、县学宫，谨照遵行。

时光就如奔腾而去的河流，将历史发生过的一切悄悄带走。幸运的是，总有一些历史片段因刻于碑石或留于书丹而代代流传，让我们后人得以一窥古

惠安孔庙大成殿 / 陈婷玲 摄

惠安孔庙麟凤呈祥壁堵 / 陈婷玲 摄

人风貌。在惠安孔庙里，至今保存着嘉靖皇帝颁布的圣谕碑、《敬一箴》碑、程子《言箴》碑和程子《动箴》碑。这些碑文，在当时相当于国家颁行的教育条令，劝诫学子们规范言行，端正学习态度，争当孔孟接班人。

　　北宋太平兴国六年（981年）惠安置县，在县衙右侧建孔庙，作为祭孔场所和学宫。孔庙自宋至元历经四次迁建，明清两朝先后多次重建、重修，保存下照墙、棂星门、泮池、戟门、大成殿、崇圣祠等建筑，井然而列，规制完整。站在半月形泮池前面，可以联想到数百年前，一群群即将入学的学子们从眼前依次绕过泮池，跨过高高的门槛，进入大成殿恭恭敬敬祭拜孔子，而后到明伦堂听学官讲学。历经沧桑洗礼的孔庙里，多少荣光均已作古，但至今仍存有一百多方木刻板，上面刻着《读经校语》《经传释词续篇》及福建乡试朱卷，这些是清代学生学习和考试的资料，也是时光留下来的礼物。

　　古香古色的孔庙建筑，无声地传递着许多历史信息。惠安孔庙汇集了几十方明清碑刻，向我们讲述古代历史故事。镶嵌在戟门墙壁上的五方孔庙重修碑告诉我们，明清时期多任县令主持修缮孔庙，他们经常在政务闲暇时走到县衙隔壁的孔庙，看看学子们上课的身影，考查学子们的功课。孔庙里还保存着三方明清书院碑刻，以及多方县衙发布的禁令碑。摩挲着凹凸不平的碑面，解读上面的文字，想象古代学子们在这里日夜诵读的情景，历史仿佛也有了温度。

　　漫步孔庙，在历史中穿行的间隙，不妨也去关注下那些精美建筑背后的"惠安故事"。出砖入石的墙面，展翅欲飞的燕尾脊，屋梁下精美的木石砖雕，还有建筑雕艺展厅里陈列的众多柱础和木雕、砖雕构件，都是惠安传统建筑营造技艺的生动体现。戟门内墙上的一对浮雕麒麟凤凰，麒麟形象古朴，凤凰展翼欲飞，线条流畅，形象生动，意境高远。大成殿前的蟠龙白石柱，造型简洁，云彩稀疏，龙体凸出，质朴生动，古雅不俗，是不可多得的明代石雕作品。

　　麒麟壁堵和龙柱出自何人之手？县志虽未载，但崇武五峰峰前村族谱提供了答案。《峰前蒋氏宗谱》载，惠安孔庙白石龙柱和麒麟壁堵出自其族龟贝公之手。龟贝公（1512—1604年），名景明，字溯敬。

惠安孔庙龙柱 / 陈婷玲 摄

13 岁时远赴云南大理拜石雕名匠金盛为师，习雕石之技，三年技成返乡，不久即闻名闽疆。除惠安孔庙白石龙柱和麒麟壁堵外，张岳墓前的石像生和墓志铭、黄塘岩峰寺石壁上的弥勒佛及观音菩萨像都是他的作品。他因积劳成疾而驼背，被人们称为"龟贝公"。文庙从宋至清历经多次重修重建，但这些明代石雕构件都保留下来，让我们看到古人高超的石雕技艺。

孔庙的学宫色彩，在现代文明的冲击下已经变淡，现在的惠安孔庙，作为惠安县博物馆馆舍，以另一种姿态保存地方历史与文明。惠安博物馆成立于1987 年，以收藏、保管、研究文物为己任，不定期举办展览和文化活动，展示和宣传地方文化。惠安县博物馆收藏有各类文物 1361 件，其中国家二级文物 15 件、三级文物 367 件。惠安博物馆利用孔庙空间，开设惠安石雕陈列、

惠安孔庙孔子诞辰日祭孔仪式／陈婷玲 摄

惠安孔庙惠东妇女服饰民俗陈列馆/陈婷玲 摄

惠安传统建筑雕艺展和惠安女服饰陈列。

1989年9月，惠东妇女服饰民俗陈列馆在惠安孔庙西厢开放，展出从清末至今的惠安女服饰。惠安女，从狭义上来说其实是惠东女，主要生活在惠安东部崇武半岛和小岞半岛。在历史上，这两个地区交通闭塞，和外部交流相对较少，因此长期保留带有闽越遗风的独特服饰和重男轻女、童婚早婚、长住娘家等封建遗俗。在惠安女服饰的传承和变革中，可以窥见当地民俗留痕和惠安女的群体性格。

清末和民国早期的惠安女服饰尚黑，惠安女结婚时，身穿长至膝盖的黑上衣、大折裤、百褶裙，头戴重达二三十斤的大头髻，并从额顶垂下一条黑纱巾遮住面部。她们遵循"生不露面"的传统习俗，很多夫妻结婚几年后，丈夫还没见过妻子的完整面部。民国中后期，惠安女服饰颜色丰富起来，头饰也轻便许多。心思细腻的惠安女，在衣领、腋下、袖口等处绣上精心设计的刺绣纹样，还把钱币和彩色梳子烧制成银饰头插和彩色夹子等饰品，装点自己的发

髻。新中国成立后，在移风易俗运动中，惠安女服饰发生巨大改变，逐渐形成"黄斗笠、花头巾、短上衣、黑宽裤"的穿衣风格，俗称"封建头、民主肚、节约衫、浪费裤"。这种穿衣风格延续至今。

吃苦耐劳是惠安女的代名词，她们刚强，在盐碱地上植树造林，上孤岛开荒种粮，用勤劳的双手撑起半边天；她们柔软，用精美的刺绣表达自己对美好生活的向往，用五颜六色的花头巾掩盖羞涩的脸庞，她们是冰心眼中"中国最可爱的姑娘"。

透过历史的眼眶，站在岁月的肩膀上回望，总会让人感慨万千。惠安孔庙，作为古代的学宫和现在的博物馆，见证了惠安历史的起承转合，一砖一瓦都刻划着岁月的痕迹。这是一份珍贵的历史遗产，值得我们用心品味，细心守护。

永春文庙

永春文庙位于永春县五里街镇洋上村，宋庆历年间建，历经宋、元、明7次迁址，明嘉靖四十四年（1566年）迁至现址。清雍正十二年（1734年）永春县升格为永春州，在县文庙的基础上扩建为州文庙，改文公书院为明伦堂。曾32次重修、增修和扩建，至乾隆五十年（1785年）已形成一定规模，修缮后的建筑主要有大成殿、明伦堂、启圣祠、乡贤祠、名宦祠、尊经阁、敬一亭、试院等。

现存建筑格局为清乾隆四十九年（1784年）建，坐北朝南，占地面积1800平方米，由照墙、门亭、棂星门、泮池、大成门、大成殿、两侧廊庑等组成。大成殿重檐歇山顶，面阔、进深均3间，屋顶双梁，上凤下龙，殿前四根檐柱为石雕龙柱。2005年福建省人民政府公布为第六批省级文物保护单位，2019年国务院公布为第八批全国重点文物保护单位。

"乡愁故里"话文庙

张泉花

　　这是一个暖暖的冬日午后。我已经放假，从喧闹的都市回到宁静祥和、有着深厚历史文化底蕴的"乡愁故里"永春。难得这样一个寒假好时光，我暂且撂下手头工作，准备一个人去逛一逛久违的永春文庙。

　　作为一个肩负着教育教学使命的教师，我对文庙始终持有一份虔诚之心。说起文庙，大家都熟知是纪念和祭祀圣人孔子的祠庙建筑。佛曰"善"，儒曰"仁"，作为儒家学派创始人的孔子，他的教育思想影响深远，以至于今，我们中职课文里选入的《子路、曾皙、冉有、公西华侍坐》中，孔子所言"吾与点也"，就是孔子提倡的"仁政""礼治""教化"政治主张的最好体现。

　　是的，孔子的政治主张影响了中国人的治国理念。北宋时期的宰相赵普

永春文庙棂星门／姚洪峰 摄

曾用"半部《论语》治天下"来形容学习儒家经典的重要性。可见孔子创立的儒家思想对于维护社会统治安定起到了重要作用，因此历代封建王朝对孔子尊崇备至，从而把修庙祀孔作为国家大事来办。到了明清时期，每一州、府、县治所在都有孔庙或文庙。其数量之多、规制之高，建筑技术与艺术之精美，在中国古代建筑类型中，堪称是最为突出的一种，是中国古代文化遗产中极其重要的组成部分。因此，文庙堪称一本凝固的教科书，它从一个侧面证明一个地方文化的渊源。作为桃源古地、"乡愁故里"永春，文庙是时光留给我们永春的一份深邃广博、温暖人心、催人奋进的文化积淀。

永春文庙坐北朝南，东向边芝巷，连接着永春桃城中心小学，西向是县府路，紧邻着永春县人民政府所在地。午后阳光正好，我踏着一路碎碎软软的阳光，从文庙西侧一扇小门走了进去。不由自主地往北瞧去，眼前就是庄严肃

永春文庙泮池 / 姚洪峰 摄

永春文庙大成殿/姚洪峰 摄

穆的大成殿，它是文庙的主殿。我抬起右脚迈进大殿，看到了孔子塑像，孔子旁边还供奉着几个他比较得意的门生，有颜回、曾参等，还有被尊称为亚圣的孟子。因为孔子对我国文化教育产生了巨大的影响，所以后人用"万世师表"高度评价他。这不，大成殿里悬挂着的"万世师表"匾额，就足以说明孔子在国人心目中的至高地位了。我坚守的教育理念源于孔子的"仁爱"思想，自然对孔子怀有一份虔诚之心。于是我慢慢倒退出大殿，在大殿门槛外，双手合十，对着孔子塑像默默拜了三拜。

出了大成殿，我绕了一圈回廊，然后立于廊口龙柱前，只见四根龙柱，高各有 3 米，围须俩抱，雕工细腻，龙飞云涌，形象逼真，风格各异，就连那八角形的柱础，也雕饰有八锦，同样雅丽。从廊口移步至殿前，便是宽敞的月台，是古代举行祭祀等活动的场所。月台正中有龙陛雕石一通，由花岗岩雕饰而成，经过岁月无数次的冲刷和打磨，这一块方正的雕石似乎融进了一种启迪智慧的神奇力量。是的，精美的雕石会说话，每一处精心雕琢出的饰物都隐藏着鲜活的智言慧语。你看，陛石上的盘龙，线条流畅，鳞甲分明，仿佛在向我讲述着这可不是一块普通的石头，在古代举行祭祀活动的时候，唯有高中进士的人才享有从盘龙头上跨过的殊荣。我掂一掂自己的分量，弯着腰知趣地绕道

永春文庙大成殿屋脊 / 林宝华 摄

而走。从月台下来，我沿着大成殿正对的大门，走到三门四柱的牌坊，也就是传说中的棂星门。棂星门也是由花岗石建筑而成，每一处的岩石表面，都留下深深浅浅的岁月侵袭的痕迹。门正中上方用柔和流畅颀长的楷书字体镌刻的"棂星门"三字，据说为清乾隆皇帝所书，有俯视天下苍生的威仪，有海纳人间万象的包容，把孔子倡导的"仁政""礼治""教化"糅和于撇捺之间，因此天下文庙都纷纷效仿用之。棂星又名天田星，西汉初期汉高祖刘邦下诏，祭天先祭灵星，之后规矩就这么一直沿袭下来。这也就意味着，在文庙，要以祭天的规格来祭拜孔子，可见孔夫子在古代中国人心目中的地位就是神一般的存在。作为一个读书人，我不由得停下匆忙凌乱的脚步，对着棂星门行恭敬虔诚的注目礼。

从棂星门转身进来，就看到一座保存完好的石拱桥，这就是相关资料上提到的"状元桥"了。我即刻明白，在古代，自然只有秀才、举人才有资格从这座桥上跨过，然后进殿祭拜孔老夫子。我不是状元，但此时不再自卑了，而是大大方方地从状元桥上迈过去，我想沾上状元的一缕文气，好让自己今后写的文章能再上一个新台阶。状元桥下的泮池水悠悠流转了多少年？孔老夫子的

洗墨水洗亮了多少学子的梦想？圣水三千，且容我取一小瓢，滋润一下我几近枯竭的心田吧……

此刻，我精气神十足，急忙劳驾文庙的工作人员帮我在状元桥上拍照留影；然后折回到大成殿前占地 260 平方米、洒满阳光的天井，又留下几张美照。那时那刻，我着一身黑色天鹅绒汉服，袖口和裙摆手工刺绣的图案是栩栩如生的梅花，我尽量让自身清雅的书生意气与文庙儒雅的文气相吻合；我侧着身子平视着前方那座状元桥，沐浴着一脸灿烂的阳光，呼吸着文庙源源不断弥漫开来的浓郁的思想氧气，定格成一张自信昂扬的个人写真。我一直把照片珍藏在手机里，时时告诫自己：不忘初心，牢记使命；用仁爱良善填满教育灵魂，用真心真情书写朴实文字。

拍完照，我从东侧庑廊漫步到崇圣祠。抬头仰望崇圣祠，两重红色琉璃瓦飞檐，翘脊两头饰以彩色精美雕龙，不得不感叹其建筑的庄严肃穆壮观。崇圣祠是祭祀孔子上五代祖先的祠堂，又称五代祠。众所周知，从汉武帝时期，就"罢黜百家、独尊儒术"，孔子思想逐渐成为国家的指导思想，孔子也逐渐成为中国传统思想文化的代表，享受国家的祭祀。看来孔子真是光耀门楣了，没有仁爱智慧的教育情怀，没有礼仪教化的治国理念，何来"万世师表"之美誉？何来"圣人"之尊称？

最后，我来到文庙北部的仰高楼。这栋气派雄伟的两层大楼现设置为永春史话陈列馆，于 2008 年初竣工。它对进一步研究古代建筑艺术、古建筑断代、科考制度有重要的作用。陈列馆分为"桃源沧桑""海丝扬帆""海天侨光""渡台血缘""人文焕彩""革命烽火""风物特产""古邑新貌"几方面，展出千年古邑永春的风土秀美、物产丰饶，历史上农工发展、经济繁荣、商贸海外、

永春文庙龙柱／曾汉祥 摄

崇文重教、文化昌盛、人才辈出以及永春为新中国诞生谱写出的可歌可泣的英雄篇章，还有为民族振兴、中华文明的传播而做出卓越贡献的爱国华侨，他们的感人事迹彪炳史册。永春史话陈列馆展示的正是这座山城几千年来的荣光，是桃源子民引以为傲的记忆。行走在永春历史文化的长河中，我们感受着无尽的智慧，进一步提升"乡愁故里"的文化自信。文庙仰高楼中的永春史话陈列馆，让我们再次重温这段"乡愁故里、生态桃源、美丽永春"的悠久历史，灵魂也随着这精美雄壮的仰高楼而一步一步登攀到人文精神的高处。

　　徜徉在永春文庙，看着那些已经老去的建筑，看着大成殿后那株屹立在历史文化风雨中郁郁葱葱的柏树，看着文庙里一幅幅精美的浮雕石刻，我萌生出对中华悠久历史传统文化的敬仰，感知到一座"乡愁故里"城市的文保力度。这不仅仅是一座古老的建筑，更多的是古人的智慧以及对礼节的追求。现在的历史学家、工作人员，他们守护着这些中华传统文化的精髓，而我们要做的，就是继续抱朴守拙，不忘初心，铭记中华历史文化，让中华传统文化代代传承。

安溪文庙

安溪文庙位于泉州市安溪县凤城镇大同路141号，始建于北宋咸平四年（1001年），原在县治西南隅，宣和六年（1124年）迁县治东，南宋绍兴十二年（1142年）迁今址。自始建至清光绪二十四年（1898年），历经迁建、重建、重修、增建达30多次。

现存建筑系清康熙年间安溪人李光地、县令孙铸、教谕林登虎主持重建的官殿式建筑，南北长164米，东西宽36.3米，总占地面积9495平方米。沿中轴线自南而北，依次有泮池、两坊、万仞宫墙、棂星门、戟门、前两庑、大成殿、后两庑、崇圣殿、教谕衙等。

大成殿，重檐庑殿顶，平面方形，面阔、进深均3间。明间用莲花斗拱，纵横重叠，构成八卦形藻井，悬空倒挂，负荷梁架，大殿上方有康熙皇帝御笔"万世师表"。庙内存有清康熙二十四年（1685年）进士陈迁鹤撰写《皇清重修学宫碑记》。石雕构件遍布整座文庙，木雕、砖雕亦精美逼真，同时还采用了大量剪瓷堆塑等具有鲜明闽南特色的建筑工艺。

抗战期间，陈嘉庚创办的集美学校为避乱曾迁到安溪文庙办学，培养了著名画家黄永玉以及安溪人李尚大、李陆大等人才。安溪文庙是我国南方县级文庙中规模最大、保存最为完好的古建筑群，以其规制完整、气势恢宏、工艺精湛、历史悠久和丰厚文化积淀而闻名海内外。2006年国务院公布为第六批全国重点文物保护单位。

🈯 文庙幽芳越千年

林炳根

　　宋咸平四年（1001年），安溪文庙在代理县令、县尉宋文炳和主簿弭忠信的主持下开始兴建。

　　斯时，安溪刚建县四十余年，文风未开。隋唐开科取士已数百年，安溪还未出过一个进士，文庙的兴建成为安溪文教新的起点。九十余年后的绍圣四年（1097年），安溪终于迎来了建县后的第一个进士张读，他参与了当时文庙的重修，并撰写了《重修文庙颂》，成为安溪文庙见诸典籍的最早一篇文献。安溪文庙兴建以来，屡次重建重修，留下了诸多史料，见证了安溪科举时代的人文蔚起，也见证了安溪现代教育的发展维新。

安溪文庙大门／欧阳良鹏 摄

安溪文庙内景 / 林思宏 摄

　　清初，安溪文化迎来了鼎盛期。其中的标志人物，就是一代名相李光地。而他与安溪文庙也有密切关系。康熙二十五年（1686年），李光地、县令孙镛、教谕林登虎主持重建文庙。康熙三十六年（1697年），县令戎式弘捐俸修建，邑人翰林院编修陈迁鹤在康熙三十八年撰写的《皇清重修学宫碑记》里把李光地列为乡绅，碑刻至今完整地保存在文庙戟门内东侧。在李光地的参与主持下，安溪文庙格局规整，至今留存的样貌，大部分为那时所存。

　　1937年抗战全面爆发，国难当头，集美学校内迁安溪，在安溪文庙办学，留下文明的火种，为安溪教育注入了新的生机与活力。在那段烽火岁月里，有一位十二三岁的少年随集美中学内迁到安溪文庙，开始了他奇绝的闽南之旅。在这里他的艺术之路开始起步，这就是后来被誉为画坛"鬼才"的黄永玉。他在安溪文庙度过一段难忘时光，在他的自传体小说里用了二十余万字的篇幅来

描绘安溪，他手绘的安溪义庙全景图，让我们依稀看到他当年读书的身影，听到他童年的笑声在这里回荡。2016年，在安溪文庙举办黄永玉《无愁河的浪荡汉子·八年》首发式，举办"我的安溪　我的集美"插图展，赓续他与文庙的一段前缘。而在前一年，安溪乡贤、当代知名青年雕塑家陈文令首次策展的"气韵生动"中国当代艺术邀请展也在这里成功举办，表达了对千年文庙的致敬。

经历了一千多年的湹漫时光，当我们睁开双眼，时空变换，昔日的蓝溪水静静地流淌，负凤山瞰龙津，与笔架山遥相呼应的文庙，掩映在龙津公园的绿树红花之中，不知今昔何昔。清澈喧腾的蓝溪水，如今波平如镜，大同路两旁高楼林立，人声鼎沸，在喧闹市声掩盖下，我们发现了安溪文庙的另一种美。

我们来到千年文庙的屋檐下，喝着一杯铁观音，感受文庙的岁月沧桑之美、闹中取静之美、晴耕雨读之美、教育人伦之美、建筑精巧之美。

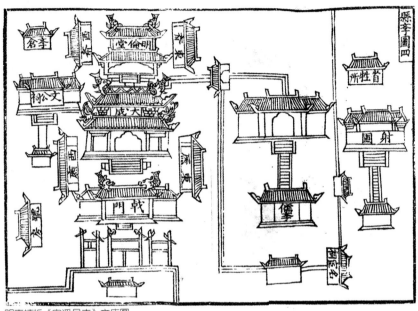

明嘉靖版《安溪县志》文庙图

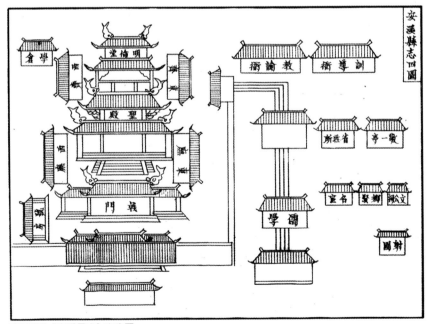

清康熙版《安溪县志》文庙图

　　安溪文庙就像一杯汤色金黄透亮韵足香浓的清香型铁观音，又像口感丝滑细腻回甘醇厚的浓香型铁观音，又似淡而有味岁月弥坚骨感分明的陈香型铁观音，在你细细回味中，幽幽地散发着千年的馨香。文庙作为安溪古建筑精华的代表，撇开富含的人文象征，由南至北，沿中轴线排开的有泮池、万仞宫墙、棂星门、戟门、前东西庑、大成殿、后东西庑、崇圣殿、教谕衙，明伦堂居东，加上"腾蛟""起凤"牌坊等建筑，秩序井然，无不凝聚了一代代能工巧匠无数的心血，无不体现了历次资助修建的官宦政要、大儒乡绅、普通百姓等对于兴盛地方文教的厚望。

　　毫无疑义，安溪文庙是安溪人千年传承守护淬炼出的艺术精品，它无愧

安溪文庙陛石 / 林峰 摄

安溪文庙龙柱／林峰 摄

于"秀甲东南、名冠八闽"的美誉，它传承着安溪人崇文重教的精神，与朱熹过化、龙凤名区交相辉映。而文庙留存在安溪人心中崇高的地位，在千年兴废中，才会接踵继力，屡有重建修缮，庙宇俨然，美轮美奂，辉耀古今。

安溪文庙带着闽南大地的记忆，或说带着独特的安溪记忆。文庙的红砖墙，闽南人心中温暖的一抹红，寻常百姓的建筑材料，那明艳的色调，在时光的包浆里，退去了芳华和靓丽，但不失质朴与厚重。脚下的条石，磨平了棱角，总能在历史时光深处跃动着憧憧的人影，回荡着清脆而又悠扬的跫音。在文庙戟门东侧有这样一幅砖雕，雕刻着茶席书案、盖碗瓯杯，至少证明三百多年前，闽南安溪就已使用盖碗泡茶，闽南功夫茶源远有自，无不透露着安溪深厚的茶文化底蕴。

安溪文庙的石雕最为精绝。以四对石雕龙柱为例，盘纡柱上，或降或升的祥龙张牙舞爪、吞云吐雾，或刚猛劲健或脉脉含情，飘然欲飞，雕工精细，活灵活现，巧夺天工。大成殿前的月坛须弥座浮雕，题材多样，极富动感，中间陛石浮雕云龙，造型生动，浑然一体。屋脊上的瓷雕彩塑，梁上的雀替、藻井等，无不精细。安溪文庙集石雕、木雕、砖雕、瓷雕等工艺于一体，构成了古建筑的艺术殿堂，散发着千年的幽芳。而这一刻，我们早已萌生了敬意，有了朝拜的心。在时光深处，安溪文庙的幽芳越发持久弥远。

仙游文庙

仙游文庙位于仙游县鲤城街道城内街师范路1号。仙游文庙原为仙游县学，宋初建于城西，北宋咸平五年（1002年）县尉段全迁建今址，总占地面积约7600平方米。其中大成殿、殿前两庑、大成门、明伦堂、堂前仪门、乡贤祠、崇圣祠和祠东西配殿等为清乾隆四十五年（1780年）重建时构件。

大成殿，重檐歇山顶，抬梁穿斗式构架，面阔5间，进深4间，占地面积475.47平方米，用材粗壮，是仙游目前遗存古代等级、规格最高的历史建筑物。屋顶中央的藻井圆顶上浮雕双龙戏珠，其旁篆刻"状元宰辅"方印，象征仙游曾孕育过郑侨等状元。殿前丹墀上的高浮雕石龙，采用套雕镂空工艺，由整块大而平的辉绿青石拼成，是该文庙石雕的精彩之笔。大成门檐下两根透雕盘龙石柱是清代"八闽雕刻始祖"郭怀及其徒弟佳作。

仙游文庙是古代仙游最大的教育场所，是官办学校县学所在地，共孕育过5位状元、4位宰相、11位尚书、28位侍郎、近700位进士，其中包括蔡襄、蔡卞、叶颙等历史名人。辛亥革命后至1949年前夕，文庙先后作为中小学校舍、政干所所址、县参议会会址。"文革"期间，在孙仁英先生的积极努力下，大成殿、大成门和崇圣祠得以保存。今为仙游县博物馆。2013年国务院公布为第七批全国重点文物保护单位。

漫赏妙境千般美

赵鲜明

我一直觉得，早年经常游览仙游的九鲤湖、菜溪岩、麦斜岩和天马山"四大景"，没到仙游文庙是憾事，因为"四大景"的名气太大，竟把文庙给忽略了。准确地说，当时不知道文庙是一个蕴藏着深厚文化内涵的宝库。

我喜欢孔子的警句名言，他那震古烁今的杰作总让我百读不厌，爱不释手；我歆美孔子的旷世逸才，惊叹孔子是个了不起的人物，恨不得当个鲁国人；我钦佩孔子"学而不厌，诲人不倦"，常为他"居处恭，执事敬，与人忠"而感动，为他"高谈阔论若无人，可惜明君不遇真"而惋惜，更为他清高的人品，凛然的气节和注重教育、培养人才的远见卓识，以及一生历尽坎坷仍百折不挠的坚强意志所折服。我坚持认为，孔子所倡导的为人处世的道理，所创立的以仁政德治为核心的儒家学说和尊师重教、学习进取的精神永远值得学习，永远应该

仙游文庙广场/张力 摄

111

仙游文庙内景/张力 摄

发扬光大。记得求学时，同学们大都离不开棋牌和影视节目，我却在津津有味地偷看孔子的《春秋》和《论语》，以至数十年后仍记忆犹新。

对于一位我喜欢我崇拜的大圣人，怎可以不去探访不去凭吊呢？今年春天，在阳光和煦的一天，我满怀敬慕和向往，拜谒了心仪已久的仙游文庙。

走近仙游文庙，迎面赫然映入眼帘的是一座历经岁月的斑驳石门，上面镌刻着原国务委员、全国人大常委会副委员长陈至立为仙游文庙题写的"绰楔门"，仿佛在向人们诉说着仙游文庙昔日的繁华和历史的沧桑，顿觉意义不凡。进入大门，安谧的环境即刻吸引了我。只见青茵浓密无尘无染，猗猗滴翠深秀蔚然。皱褶而苍劲的树干以及地上斑驳的砖石，都能令人感到文庙历史的悠久，而树上鸟儿的叫声更增添了文庙的幽深和宁静。我意外发现，这里有棵长相奇特的大树，远远望去，颇似卧在地上的一条"巨龙"。经了解，这棵树名为凤凰树，树身贴地延伸有12米长后翘起挺立，如巨龙腾飞，生机勃发。夏季，凤凰花开，与古色古香的文庙相互辉映，蔚然成景。凤凰树及其附近高耸挺拔的林木中，时常会有白鹭栖息其间，使得诗意盎然的古树平添了一种仙风道骨的味道。在庄严肃穆、寂静如野的气氛里，放眼高枝繁叶之旁，黄瓦翘檐，流金溢彩的殿宇，一种敬仰之情油然而生。诧异的是我根本没有想到，仙游有如此一个休闲的好地方，环境很优美也很干净，犹如一幅恬静的山水画。顷刻间，我很想有空一定要多来这里坐坐，看看书，晒晒太阳，聊聊天。

仙游文庙规模宏大，占地面积7000多平方米，至今已有千年的历史，是

莆田唯一尚存的县级文庙建筑群，现为全国重点文物保护单位。它始建于北宋初年，原址在鲤城之西区（即今实小校内的城隍庙），宋咸平五年（1002年）县尉段全迁建县治南燕池埔（即今址），明洪武、正德间修葺扩建。那时文庙"殿邮既整，图像聿新，门以内凿池架桥，覆以游圣亭"，可谓是一个香飘四季、风光绮丽的学宫。到了宋宣和末年，因朝廷废除学宫，文庙一度被拆毁。宋高宗绍兴九年（1139年），肇庆太守陈可大回乡捐资率众重建并扩建。元至正二十年（1360年），又被兵火所焚，元末复建大成殿及塑像。明代至清中期，经过十二次的扩建和修葺，至清乾隆十六年（1751年），知县陈兴祚对仙游文庙进行了一次大整修、大扩建，并将大成殿和戟门的四对木柱换成雕龙大石柱。光绪十五年（1889年）又经重修，形成了规模宏大的建筑群。"文化大革命"时期，文庙的许多建筑被毁，还好大成殿内外一些重要的文物被当时任仙游"红忠馆"负责人兼艺术总设计师的孙仁英先生（现为中国美协会员、省文史馆馆员、仙游李耕国画研究所名誉所长）急中生智设法保存了下来。1985年以来，在仙游县历届政府和众多社会有识之士的重视下，经过多次修葺和重建，破败不堪的文庙又恢复了往日的雄姿。现有的大成殿、大成门、两边廊庑等仍保持着宋明清建筑的风格，其造型和工艺水平堪称古代仙作之精品，具有很高的艺术价值，可谓是"海滨邹鲁""文献名邦"之誉的佐证。

大成门是重建的文庙正门，两边雄踞一对弥足珍贵的宋代石鼓，前后各有一对石雕龙柱。屏息静气，迈进大门，眼前是一个大天井，两旁榕柏葱茏，花团锦簇。正中有个露台，乃旧时祭孔"三献"的场所，由大理石铺砌。露台前的斜阶，以青石浮雕龙陛连接通道，直至戟门。浮雕图案的四周是汹涌的江涯海水，当中为矫健的飞龙穿梭于流水行云之间，颇有翻江倒海、直冲云霄之气势，其雕刻精巧细致，刀法刚劲有力，工艺十分精湛，不愧为古代仙作石雕艺术中的杰作。据孙仁英先生讲，在 1949 年前夕，曾有一位国民党败军营长暂住庙里，其儿子玩耍时不小心摔倒了，头刚好撞在龙头上，血流如注，气急败坏的营长当即拔出手枪，"砰！砰！"两声，就把那蟠龙的头打破了一块，到 1949 年后才修复好。

仙游文庙龙柱/龚张念摄

大成殿是文庙的主建筑，也是整个文庙的精华所在，庄严而宏丽。殿里外有两副著名的对联，高度概括了孔子的一生和功绩，其外是："先觉先知为万古伦常立极，至诚至圣与两间功化同流。"其内是："德冠生民溯地辟天开咸尊首出，道隆群圣统金声玉振共仰大成。"大成殿最引人注目的是殿前 8 根高 4.5 米、直径 0.6 米的宋代以辉绿岩透雕的蟠龙石柱，那柱上的蟠龙，爪鳞透剔，须角悬突，纤巧委婉，矫冉雄健，活灵活现，惟妙惟肖，可谓形神兼备，巧夺天工，实为世上罕见，令人叹为观止，传说其乃古代仙作高手以独特的技艺精雕细琢而成。龙的形象是由我国原始氏族社会开创，并历经千百年演变而后固定下来的一

仙游文庙藻井/张力 摄

种图腾。将精美的雕龙与建筑很好地结合起来为大成殿增添了一番情趣。大成殿造型美观大方，为重檐歇山式砖木结构，面阔5间，进深4间。梁架、斗拱、驼峰、雀替等均用木雕金漆或彩绘装饰，形象生动逼真。殿顶脊上雕塑双龙戏珠、丹凤朝阳，相传这样能镇压邪魔，避灾攘祸。殿内当心间顶部作窟窿状的叠拱、藻井等均饰以花纹木雕，结构华丽，气韵不凡。中间篆刻有"状元宰辅"一方印，象征仙游曾孕育过郑侨等四名状元。左右次间和前廊吊顶则作平棋天花，五光十色，艳丽迷人。殿中由外向内，依次悬挂清代五朝天子的御书匾额复制品，即咸丰的"德齐帱载"、光绪的"斯文在兹"、乾隆的"与天地参"、雍正的"生民未有"、康熙的"万世师表"。坛内主祀万世师表孔子。两边的四尊塑像，叫做"四配"，是古代儒家学派的代表人物，后面的十二位塑像叫做"十二哲"，即十二位比较有代表性的哲人。据悉，如今在高考前，也有不少学生来到这里参拜孔子及各位先哲，希望考个好成绩，进个好学校。我认真端详着台上那高达2.6米的以汉白玉和仙作技艺雕成的孔子立身塑像，果然儒雅端重、栩栩如生、眼神里充满智慧，给人以颖达恢宏的印象，令人肃然起敬。我怀着钦敬之情，虔诚地向这位圣人叩首朝拜。

出大成殿，刚好碰到久别多年的原仙游县博物馆陈老馆长，他又带我到大

成殿廊庑内去看那陈列的历代碑刻及书画石刻等文物展品。他告诉我，如今文庙实际上也是仙游县的博物馆，仙游发掘的新石器时代以来的许多古碑刻等文物和许多颇具价值的文史资料等都存放在这里，以便游人和研究人员参观、考察。仙游文庙凝聚着无数先民的智慧和才能，是仙游这块古老土地悠久历史文化的见证，也是百万仙游民众的文化祖屋。它在引导仙游人民努力学习、奋发图强方面发挥了非常大的作用，乃是仙游历史上尊师重教、尊孔尚文的一个重要的标志。仙游自唐代以来，教育文化一直都相当发达，在民间流传着"家贫子读书"的格言，读书蔚然成风。在宋代，仙游科甲尤为鼎盛，享有"盛冠八闽"之誉，当时著名词人刘克庄曾盛赞仙游为"海滨邹鲁"。在漫长的封建时代，仙游曾孕育出郑良士、陈洪进、蔡襄、傅楫、薛奕、林豫、林师益、林亨、郑纪、林兰友等名扬天下的政治家、思想家、文学家、艺术家和科学家，先后出进士八百多人。近现代以来，又诞生出李耕、李霞、陈仁鉴、许怀中、黄羲、孙仁英等一大批饮誉海内外的名人，他们都为中国文化增添了光彩。

如今，仙游文庙已被仙游县政府辟为一处具有观赏性和功能性的旅游参观圣地。她既是仙游灿烂教育文化的一个缩影，又是一方抒情的文化园地。庙前的广场和庙外的体育场一隅，是民众尤其是老年人向往的健身、游乐和闲谈的好地方，每天早晨或傍晚，都有许多民众从县城的四面八方涌来这里散步、纳凉、转悠。在这里，人们总是脚步轻轻，默默地用自己的方式瞻仰文庙的古建筑风采，老者徘徊往复似在咀嚼孔子的名言，感受儒家文化的源远流长；年轻人呢，则思索着人生路上将如何经受住风雨冲刷，造出生命的佳酿。当然，还有更多的普通民众也许只是为了休闲和娱乐，他们觉得这里是一个阳光普照、和谐温馨的乐园……听着陈老馆长的介绍，我不禁思潮起伏，感慨万千，猝然间，仿佛看到仙游文明从遥远的古代向现代走来，眼前一片灿烂辉煌……

黄石文庙

黄石文庙位于莆田市荔城区黄石镇水南村。黄石文庙又称东井书堂、红泉书院和水南书院，属书院文庙，占地面积 2376 平方米，历经 1200 多年。它的前身为建于唐宪宗元和年间的裴观察庙（后改称红泉宫），本为祭祀在黄石筑堰垦荒和首建东甲海堤的唐朝福建观察使裴次元和御史蔡襄。

　　南宋绍兴八年（1138 年），黄石定庄人林国均在红泉宫前捐资办东井书堂，于次年起延请其堂侄、理学家林光朝主讲，历时 23 年，每年从学者不下数百人，形成了著名的"红泉学派"。据史志记载，南宋理学家朱熹曾来此听讲并称赞不已。明正德七年（1512 年）书堂毁于火，十六年（1521 年）重修，督学姚镆题匾额"水南书院"，后来毁于倭寇战乱。清朝康熙年间重建，仍然保存明代建筑风格，重檐斗拱。庙内存有明朝万历年间的《水南鼎建文昌祠记》石碑，明末东阁大学士、历任礼部右侍郎、南京礼部尚书、黄石人朱继祚所书的"古红泉"石碑等。2009 年福建省人民政府公布为第七批省级文物保护单位。

道不远人话学宫

朱仁良

　　她犹如一道灵光，点亮在我的生命里，已过了两轮生肖。她地处黄石老街一隅，地理形制极致追求效古。她泮池精致，四季皆春，琅玕铜镊。黄石文庙，正是这样一个美妙所在。

　　黄石文庙，原为纪念筑堤围垦的唐观察使裴次元肇建的红泉宫；宋林光朝创"红泉学派"于此；明嘉靖毁于倭寇之乱。现存主要建筑为清康熙廿四年（1685年）重建，历年偶尔小修小补。

　　《礼记》："凡始立学者，必设奠于先圣先师。"祭孔是封建国家礼制，"素王千古，名教万邦。"孔庙在独尊儒术之后，经唐太宗下诏"天下学皆各立周、孔庙"。随着孔子与儒家思想在封建社会中逐渐被重视，祭祀孔子成为

黄石文庙大成殿／陈良锦 摄

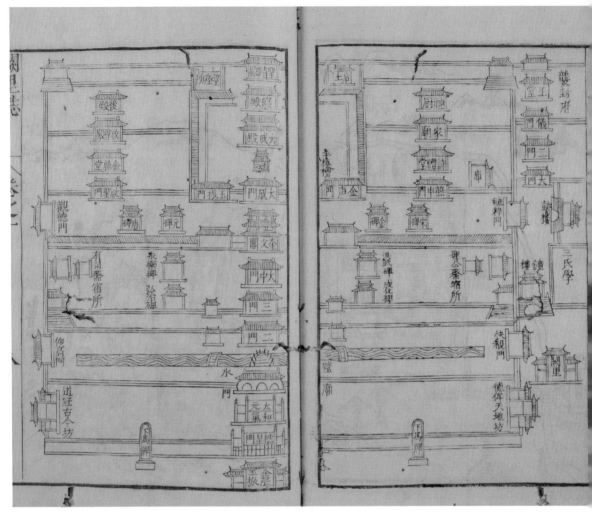

明弘治《阙里志》孔庙图 / 朱仁良 供图

传统，也是中国非常重要的世代相袭的典礼，是国家政治活动中的典型，孔庙正是祭孔活动的场所。作为儒学崇拜的圣地，从最初庙堂三间的孔庙家庙、京城的国庙到各地孔庙，到明清时期，全国保有两千多座。

　　基于孔庙在古代礼制祭祀的实际作用，其中规划有大片的空间，用以举行祭祀仪式，如大成殿之前的月台。在历史的长河中，各地各级的孔庙逐渐地分为礼制性庙宇和非礼制性庙宇，但凡列入国家祭典的孔庙都是礼制庙宇，孔子后代的家庙、孔子活动过的地方所建的纪念性庙宇以及书院内的祭祀庙宇等是非礼制庙宇。在孔庙系列中，太学国庙和曲阜祖庙处于最高等级，而府之庙学又高于县之庙学，但同为孔庙，无论级别高低，其精神如一，在建筑构成和祭祀活动上大体都依循一套共同遵守的原则。（附明弘治《阙里志》孔庙图。）

全国孔庙众多，但叫法不一。山东的叫曲阜孔庙，北京的叫国子监，南京的人称夫子庙，山西平遥世称先师庙，吉林松原的叫至圣先师庙。《露书·迹篇》：天下学宫皆书"明伦堂"，独应天府学书"明德堂"，云文天祥手书，存其迹。莆田这样一个小地方，传承至今，则有仙游、涵江和黄石三处文庙。莆阳文风之盛，窥此可见一斑。

> 人之初，陌上柔条初破芽；
>
> 乐和永，乃有虞氏皇而祭。

晋太元时，"太元中，增置太学生百人，以胤领国子博士"。（《晋书·列传第五十三》）1500 多年前的晋朝人，已经非常重视办学教育，不但在场地上提供方便，而且在学生数量的总量控制上，注重实效。

想当年，家里能看的书基本被自己给翻了几遍。生命里的种子，这睡莲一般的生命力啊，犁花鹭舞，如油的春水，哪怕只要一滴，就足够给他力量，冲破铜墙铁壁般的保护。

"九层之台，始于垒土。"小学教育是各级各类教育的基础。1995 年，黄石文庙还是莆田县黄石小学办学点的时候，这里仍然是学子心中的胜地。能够进到黄石小学来考试，对周边 36 村的小学生来说，是个树立个人威信和学习标杆的天然机会。黄石地狭人多，南洋平原文风鼎盛，名家辈出，黄石文庙功不可没。至今洋面一带有尊孔祠的乡村不在少数，这一个一个小祠堂，构成了黄石文庙的毛细血管。

族里长辈曾提及，他的祖父模十三为了鼓励宗族子弟勤学向上，在老屋"小

黄石文庙大成殿内景／陈良锦 摄

宗"里立了个规矩："宰世房"子弟的一切学费开销由公田收成（包含作物收成和佃租）供给。先祖父兄弟5人，最后一位得到这项特权的是祖父的两位幼弟。在祖父遗物里，我整理出一份保存完好的私立中山中学的入学通知（1954年），学费开销便是据此而来。可惜当年百废待兴，叔公因家里人丁众多，劳力稀缺，竟又早早辍学。

祖父八兄妹，老大力争上游，盛名在外，我们今天所能知道的就是，他的最后一幅作品是金山小学的设计手稿。卅年过去了，精致的线条仍完美地呈现在硫酸纸上。

徜徉游海，红砖回廊映丹墀；
吐纳胜兰，绿波泛白越龙门。

黄石文庙，肇建于唐元和八年（813年），距今已有1200多年历史，具唐宋元遗址，明清建筑风格，基本遵循孔庙的建筑典范。目前尚存石铺大埕、下马碑、泮桥、大成殿、青龙盘柱、丹墀、殿前两翼东西斋等，以及明万历三十二年（1604年）由工部营缮清吏司郎中卢廷撰写的《水南鼎建文昌祠记》石碑和明崇祯南京礼部尚书、抗清将领朱继祚书写的"古红泉"石碑。

《阙里志》上有孔庙全图，绝大多数孔庙都有棂星门、泮池、大成门、大成殿、东西庑、尊经阁、明伦堂、敬一亭、崇圣祠、乡贤祠、名宦祠，建筑布局大多是中轴分明，左右对称。这些有趣的名号，翻开书，可找到其历史渊源，不乏有意思的故事。比如说棂星门，棂星即古代天文学上之"文星"，也就是文曲星，以此命名，表示天下文人精英荟萃，这也是孔庙一般称为文庙的缘由。再比如大成门，这个词出自《孟子》，"孔子之谓集大成。集大成也者，金声而玉振之也"。孔庙的主殿通常是大成殿，黄石文庙的主殿当然也不例外。

从祭祀的角度说，各地孔庙供奉的人物也是大体一致的。文庙主祭孔子外，又有四配、十二哲以及历代先贤先儒、各地乡贤名宦等。比如上面说的崇圣祠，就是奉祀孔子的五代祖先。大成殿，就是祭祀孔子的地方。所谓的"四配"，指的是复圣颜子、宗圣曾子、述圣子思子、亚圣孟子。"十二哲"则是孔子的其他一些弟子，还包括宋代的大理学家朱熹。

黄石文庙留给今人的价值，我们还可以从明周瑛《兴化府志》中找到依据，周瑛志上载有"关于文庙的行香礼"："凡有司官，每月朔望，各庙（文庙及应祀神祇庙）行香，御史及布按二司官到府州县。第三日，文庙行香，

黄石文庙内景／陈良锦 摄

123

俱夙兴至庙廷，赞行四拜礼，其香烛，官钱出办，有司官、文庙行香师生出迎大门外……"

《兴化府莆田县志》卷九载："八音之节，圣人法八风而为之。其声出于五行之气，其制器之法则……"

从以上明清两代府、县志所载，我们可以看到过去的黄石文庙，她不单在建筑上形制严谨，在祭祀上也是定时定格（朔望指每月初一、十五），如何奏乐，更是严苛。

姚旅《露书》曰："郭圣胎谓莆中四无：无僧，无伎，无酒，无不识字者。"今日看来，前三无是大有，第四无者倒是中肯可爱。莆中文庙居功至伟。

今有陈炘先生提及"县以下一级的文庙，国内只有三处，黄石文庙是其中之一"。对于该评价，难置可否。若有客来黄石，我们首先带来黄石文庙，多能赢得欢心，也算是遂了"民吾同胞，物吾与也"之愿，双方情谊在此渐入佳境。

诚如孔庙发展的两千个春秋见证了中国古代社会发展的脚步，黄石文庙的发展演变，千载以来是莆阳大地文化教育融合进化的阶梯。

昔日黄石文庙，今犹书声如斯。

函江孔庙

涵江孔庙位于福建省莆田市涵江区宫下街，是全国四大孔子家庙之一，历史上与涵江书院连为一体。唐敬宗宝历二年（826年），孔子的第四十一代孙孔仲良来莆田任县令，于任上去世，之后其子孙定居于涵江瓛山（今紫瓛山）。

　　南宋高宗绍兴二十九年（1159年），理学家朱熹赴泉州同安上任时，途经莆田，他根据孙仲良的八世孙孔宜户向其出示的家谱、世谱证实孔仲良是孔子的第四十一代孙。于是他告知郡守傅自得、县令邱铎，照此版籍，应立孔宜户为孔子第四十九世孙，并为涵江孔氏后裔撰写《跋孔君家藏唐诰》一文，详细介绍涵江孔氏的历史。至此，涵江孔氏得到了官方的承认。南宋淳祐年间，朝廷为涵江孔氏后代的祭祀和教育发展而兴建了孔庙，常年赐予祭田供孔氏后裔祭祀和教育，并免身役税钱。

　　明成化元年（1465年），兴化知府岳正建正学门，这是涵江孔庙和书院特有的历史构件。如今，涵江孔庙已不复存在，但正学门木坊仍屹立在紫瓛山下的宫下街口，并保存原孔庙的四十九级石阶和泮池。1987年莆田市人民政府公布正学门为第一批市级文物保护单位。

涵江孔庙韵犹在

蔡建财

两千多年前，一个高尚的灵魂，一位伟大的思想家，向世人传递思想的光芒。他"克己复礼"，周游列国，学问登堂入室；他英姿挺拔，饱含风霜；他"循循诱导，诲人不倦"，"敏而好学，不耻下问"的教诲言犹在耳。他是中国千年文化的思想和标杆，他开启教育明灯，他是世代景仰的万世师表——孔子。

戊戌年一个冬日午后，我怀着一颗虔诚的心，走进涵江孔庙，拜谒孔子圣像，探访儒家圣地，体会儒家传统文化的博大与精深。孔庙也称文庙，文庙之作用是教书育人，宣扬礼制。如今能够保存下来的孔庙无多，而完整的孔庙就少之又少了。据了解，涵江孔庙历史悠久，内涵丰富，其前身可追溯到唐代

涵江孔庙正学门牌坊／佘琦辉 摄

涵江孔庙泮池／范将 摄

的宗鲁堂。尤值一提的是，在全国数以千计的孔庙中，被历代朝廷确认并拨田产以供孔庙祭祀开支的孔子家庙只有四座，即曲阜孔庙、衢州孔庙、婺州孔庙和涵江孔庙，涵江孔庙名列榜中。

据有关史料记载，涵江孔庙始祖孔仲良是孔子的第四十一代孙。唐敬宗宝历二年（826年），孔仲良来莆田任县令，他卒于任上，其子孙就定居于涵江紫璜山观顶坡，屋宇相连，成为望族，其聚居之地名曰"阙里"，俗称"孔里"。南宋理宗淳祐十一年（1251年），兴化军知军杨栋和涵江镇官郑雄飞共同在紫璜山上建立涵江书院和孔庙，并拨田产以供孔庙祭祀和书院开支。孔庙有大成殿、崇圣祠、孔氏宗祠、学厅（孔氏子孙读书处）、大成门、"阙里一脉"大门、明德堂、思圣堂、正学门等建筑。至明宪宗成化元年（1465年），兴化府知府岳正亲诣孔庙，他"叹旧址卑狭"，乃在原址扩大重建孔庙。同时顺地势在紫璜山下建四十九级石阶及泮池。明嘉靖四十一年（1562年），倭寇陷莆田，孔庙被毁。清顺治十年（1653年），郑成功遣王大振率兵攻涵江，孔庙又为王大振之兵所毁。此后由于战乱，孔庙几遭兵燹又几度重建，规模不断扩大。康熙元年（1662年），孔庙在明代庙址上重建。1972年冬，大成殿、崇圣祠、大成门和"阙里一脉"大门被全部拆除，所幸的是正学门、泮池、璧水桥、石甬道、四十九级石阶和一块阴刻楷书"文武官员军民人等至此下马"的下马碑尚存。今尚存的正学门及附属建筑为清代建筑物。1987年，正学门被莆田市人民政府公布为第一批市级文物保护单位。

700多年来，涵江孔庙起起落落，兴废交替。至今，紫璜山上依然能够感受到那一份闹市中的宁静，那一份旧时光里的文化碎片，那一种恒久的思想光芒。

拾级而上，向矗立在孔庙的孔子圣像三鞠躬敬礼，以表达对先贤的崇敬之意。瞻仰孔子圣像，望着嵌入墙壁的古碑刻，我思绪万千。孔子圣像青带束发，双目炯炯，神采奕奕，双手合于胸前，似在循循诱导，诲人不倦……坚硬的石碑传递出思想的光芒，静对心灵，感召世人。我仿佛听到阵阵读书声，从远古时代纷至沓来，传承的都是书香与墨韵。在历史与岁月无尽的怀想中，我看到了一个伟岸的背影，在巍峨的殿堂里，在一次次庄严而隆重的仪式里，学子们纷纷顶礼膜拜。学子们从这里出发，从此，步上了漫漫的仕途。莘莘学子多少年

涵江孔庙石阶与两旁碑刻／佘琦辉 摄

日夜兼程着，奋起翘首盼望着。一个不落凡俗的灵魂，于时光尽头处回首望，处处皆是悲喜的回味。

涵江孔庙饱经岁月风霜，作为精神家园，一直都在坚守着。时风躁动，我们从这里更能感到一片宁静，依旧让人看到前行的希望。教育是一盏永不熄灭的启明灯，需要理解和远见。作为儒家的鼻祖，孔圣人教化世道人心，平静而又坚韧，让一代代的后人对未来前程充满着希冀。

每个人人生不同阶段，会遇到许许多多的老师。老师语重心长，启发诱导，触及灵魂，使之幡然醒悟。悟已往之不谏，知来者之可追。圣贤见识卓拔，悉心教导之，使之勿失天性。涵江孔庙遗迹存放的希冀和精神寄托，从未远离过我们的精神世界，依然昭示着崇文、重教、尊师的传统理念。

瞻仰先贤石像，我深深感受到儒者的凝望。它的博大精深，它的源远流长，这是儒家文化的一种精神守望。千百年来，它早已注入了中国人的文化基因里，融进了中国人的文化品格中。当下，我们既需要致力于物质家园的建设，更需要构筑精神家园的城堡，倡导"和""仁""孝"等儒家文化精髓，复归传统文化。

天地苍茫，人如同太仓之一粟，常常"心为形役"，需要时刻反省自己，对古圣贤保持敬畏之心。回归，是一种归属，是一种找寻，是一种契合，需要不断砥砺自己，坚守自己既定的方向。

北宋思想家、教育家、理学家张载曾言："为天地立心，为生民立命，为往圣继绝学，为万世开太平。"这正是儒家先贤对自身信仰和使命的一种自觉表达。

此时，我似乎又听到了一阵阵浅吟低唱，闻到了阵阵沁人的书香，书香里包含着涵江这一座历史文化名城的文脉肌理，悠久绵长。涵江孔庙的700多年文化底蕴一直淬砺着这座老城的光泽，孔庙是时候回归其本真意义了。

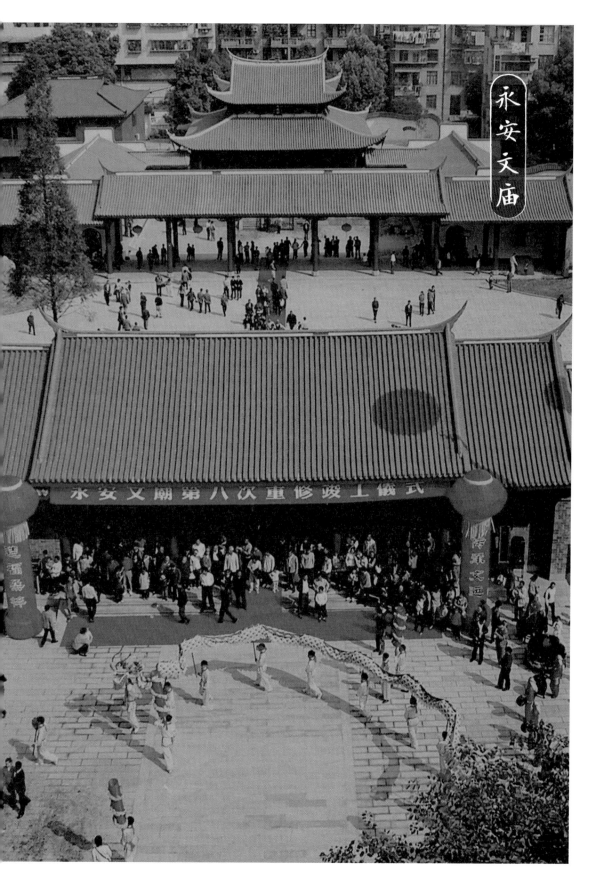

永安文庙

永安文庙位于永安市大同路123号。永安于明景泰三年（1452年）建县，明景泰六年（1455年）首任知县韩隆、通判杨季琦建儒学。至天顺元年（1457年）建成有万仞宫墙、棂星门、泮池、两庑、大成殿和明伦堂等传统格局的文庙。《永安县志》载，自明成化八年（1472年）至清康熙五十年（1711年）间，永安文庙有7次修建记录，现大成殿为明弘治十六年（1503年）重建。大成殿重檐歇山顶，抬梁式木构架，面阔3间，进深4间，石构台基、月台以及明代彩画及盘龙丹墀石。抗战时期，国民党福建省政府内迁永安时，永安文庙先作为福建省立永安师范学校校址，后成为福建省政府办公厅办公场所。永安文庙2003年重修，完整再现了大成殿、泮池、儒学坪、大成门、戟门和东本庑组成的传统规制文庙建筑群，总占地面积6821平方米。

　　2005年福建省人民政府公布为第六批省级文物保护单位。2015年，在国务院公布的第二批100处国家级抗战纪念设施、遗址名录中，由永安文庙等旧址组成的"永安抗战旧址群"系福建省唯一入选的抗战遗址。

人文历史的风帆

林汉基

　　永安，于明景泰三年（1452 年）置县，当年即大兴土木动工筑城。共筑城墙五里三十二步，四面城门宏伟坚固，城楼巍峨，永安新邑煌煌大观矣。

　　数年后文庙与社稷坛同时鼎建。社稷乃国祚，系万民之心。文庙乃大成至圣先师孔夫子的祭祀庙堂，也是儒家文化教育的最高机构。

　　文庙坐北朝南，大成殿重檐斗拱，丹碧辉煌。殿后有明伦堂、教谕衙、

永安文庙清晨／罗旌灌 摄

永安文庙内景 / 罗旌灌 摄

祭器库。殿前两侧有两庑双廊。泮池似弯月，池中莲根采自山东曲阜。拱桥如弓背，形态按照圣人家乡。有黄金桂树八月飘香，高中堪折。有棂星门整天敞开，斯文可进。依建制构筑得恢宏气派，庄严肃穆。

景泰六年（1455年），县儒学在东门开办。校舍、楼馆、亭阁沿山拓建。阶级甬道上下逶迤连通。林木茂盛，秀竹婆娑，登高可望远，闲坐也怡情，风凉世界景致清幽。永安建县以来，岁月平安市井繁华乃至物阜民丰，加之风淳俗美，因此四乡八县莘莘学子慕名而来。学署广聘师资，一视同仁有教无类谆谆诲之。同时城乡分别开了"四贤""正音""云龙""枡楠"等书院。那时的永安以人文蔚起、士子彬雅可观闻名遐迩。

文庙历代都得到一些达官贵人、富商巨贾的财物捐赠，庙方均用以购置学田，着重资助那些贫不能婚、病不能医、丧不能葬、身无完衣的贫寒学子。另外适时给他们一些灯油笔墨之小助，以免寒窗之下掩书而叹。

永安本是先哲诸儒辈出、进士连科及第之乡。宋代贡川陈氏就有"九子十科名"（女婿也中进士）之佳话美谈。"半壁宫花春宴罢，满床牙笏早朝归"是杨时先生对陈氏一门鼎盛时期的真实写照。"程门立雪"之后，杨时与游酢

将北道南迁，打下闽派理学的根基。永安贡川陈氏一脉陈渊（杨时的女婿）、陈瓘俱得杨、游真传。杨时再传罗从彦，罗传李侗，李传朱熹。百年的传承让朱熹将南北理学融会贯通，创立了在人文社会中占主导地位的"闽学"派系，为执政者所首肯，成了天下读书人修身、齐家、治国、平天下的理论基础与科举及第的门槛。"一门双理学"正是朱熹对贡川陈氏两位先师的崇高赞誉。

而自景泰以来，文庙亦培养出无数杰出的士子人才，棂星门外、大成殿前每逢会试之后不时听见铜锣山响、捷报频传。半山岭上的"魁星阁"显示着他们的功名与荣耀。至此，永安文庙享誉闽中。近代官学亦选送了刘佐成、李宝俊两位永安籍的学生公派留学日本，成为中国第一代飞机设计、制造、试飞的工程师。另有黄曾樾、冯作舟、雷化文留法三博士都是乡梓之荣光。

自从废科举以来，永安文庙日渐寂寥。抗战期间，除大成殿保留外，其余建筑被全部拆除，在原地新建了许多"抗战洋房"，作为省立师范学校。在抗日救亡艰苦的岁月中，在大殿前的祭坪上，师生们与社会各界人士举行了无数场群情激昂、振奋人心的抗战演讲大会。这些仁人志士、革命先辈都是秉承着深厚的国学文化底蕴与炽热的民族精神，从心底里发出救国的吼声。省音乐

永安文庙大成殿 / 罗胜灌 摄

专科学校的师生们也时常在此举办抗日歌咏，上演剧目，《松花江上》《义勇军进行曲》《大刀向鬼子们的头上砍去》的歌声响彻云霄。遇有公演，万人空巷。抗战十四年之中，文庙一直都是宣传抗战的文化阵地。

到了五六十年代，就只有孩子们在文庙玩耍，只见破旧斑驳满是青苔的墙体承载着庞大的双重高翘的屋顶，高高的红漆大门长年上锁从未见开启过。整个文庙的古建筑只剩下这座孤零零的大殿。殿外祭坪台基上的石栏杆也已风化破损残缺。只是台阶正中立体镂空的石雕盘龙异常精美，可惜龙须已断。大殿周边有几株巨大参天的古榕树，虬枝凌空，树荫遮天蔽日。起风时树涛澎湃，音同天籁。静谧时凉意森森，不敢久留。

1964 年夏天，几位头戴藤帽的伐木工人攀上树的高端，在凄厉的油锯声中

永安文庙大成殿前石雕盘龙 / 福建省文物局 供图

将树枝树干肢解净尽。满地粗大的段段枝干渗着殷红的汁液，看得人心发颤，像血淋淋的屠龙。

"文革""批林批孔"期间，造反派扒掉大成殿的匾额，将殿前石狮推翻。幸亏院内住户事先将垃圾杂物堆在盘龙之上，这才侥幸逃过一劫。"文革"之后，永安历届领导对文庙有很强的保护意识。改革开放以来的旧城改造，房地产开发都未曾染指这一黄金地段。这才使闽中最为壮观、规模最大的文化遗存得以保留。

改革开放以后，永安市政府十分重视文庙的重建，拨巨资将文庙修建得富丽堂皇，美轮美奂。虽然文庙历史上于弘治十六年（1503 年）重建，又于万历二十一年（1593 年）修葺，但这次修建得比以往更加漂亮，赢得广大市民的认可与称道，这才是文明城市的最佳标志。

开阔的前坪，青砖砌就的门墙，朱红的镶着铜钉的豪华气派的殿门，置身于大理石铺就的宽阔平坦的广场大院，面向大殿有一种朝圣的震撼。泮池、

永安文庙内景 / 罗旌灌 摄

拱桥、两庑由古建筑专业队伍严格按照规制施工，恢复得一应俱全，一应俱美。大成殿焕然一新雄浑壮丽，殿内穹顶绘就色彩斑斓迷离奇幻的祥云瑞气，彰显着儒家思想、文化的广博与浩瀚。"万世师表"匾额之下流苏彩帐，孔圣人锦袍冕旒执圭端坐，慈眉善目仍可见苦心孤诣、仁者爱人之表情。坛下两侧毕恭毕敬的是颜回、子路诸弟子及杨、罗、李、朱闽学四贤。

同时隔墙修建了仿古一条街，与文庙交相辉映。

假日闲游，徜徉在两庑展馆内瞻仰拜读着永安的曾经，回忆可歌可泣的抗战历史。凝望圣殿心静如水，渺渺间仿佛在微风中听见《诗经》的开篇："关关雎鸠，在河之洲……"

追忆二首·其一

陈靖

1939 年 5 月 9 日凌晨，日机狂炸永安城，福建师范学校同时遭殃。

微明吹哨欲何之，为避敌机渡燕溪。

未进山沟雷震耳，那堪学舍毁东夷！

废墟收拾破行装，满目疮痍自断肠。

惊觉湖山惟奋起，男儿热血酹炎黄。

汀州文庙

汀州文庙位于长汀县汀州镇兆征路20号，始建于宋绍兴三年（1133年），历经明、清、民国多次修葺。文庙坐北朝南，现存泮池、拱桥、大成门、中斋、东西庑、大成殿等，占地面积2550平方米，建筑面积2060平方米。

　　大成殿，重檐歇山顶，面阔3间，进深3间，抬梁式木构架，十三檩前步廊，柱网布局规整，明间正中为方形藻井，采用出挑三层如意斗拱承托，四角有雕饰的垂球。次间为三扇井口天花，彩绘龙凤、花卉。明间额枋为砍制月梁形做法，用材较大。1996年福建省人民政府公布为第四批省级文物保护单位。

千年古韵文脉长

范晓莲

立于汀州城主街兆征路旁，距文庙数步之遥，眯了眼，看阳光落在斑驳的红墙上。

这堵墙，把古今分隔在了两边。外墙，嵌着两幅腾云驾雾的青龙石雕，镂空，精致，栩栩如生。六根花岗岩柱子，分立三道门的两侧。正中是大门，左右各一小门。门柱、门楣均用青石雕刻，有花鸟鱼虫各种图案，形象逼真。大门的横楣，刻着"棂星门"三个篆体字。"棂星"，意为灵星，又叫天田星、文昌星、文曲星。以此命名，寓国家人才辈出之意。因此，古代帝王祭天时首先祭灵星。传说，宋仁宗时，在祭天的场所设"灵星门"。因门为木结构，又写作

汀州文庙棂星门／黄小黑 摄

汀州文庙泮池/杨德魁 摄

"棂星门"。在文庙外设此门，自然是希望汀州多出人才。左侧门楣题"道冠古今"，右侧门楣题"德配天地"。

跨过门槛，眼前蓦地一亮。一座典雅的庭院，地板以石条铺就。左右厢房对称布局，木质建筑古色古香。庭院中央有个半圆形的泮池，池边围着一圈石栏，栏柱上端雕有小石狮子。池内有水，约数米深。水池的壁缝，长了些不知名的绿草，在微风中柔柔摇曳。小小的睡莲平躺水面，给水池平添了几分生意。几只红鲤鱼在茎叶间悠游，自在得很。一座石拱泮桥横跨泮池，连接通道，直达内庭院门。据说，泮池与泮桥是文庙区别于其他寺庙的特征。在古代，泮桥象征着学子的荣耀与追求，因为只有考取功名的学子才能在泮桥上昂首而过。

走过石桥，踏上几层台阶，接近仪门。注视着朱红色的大门，感觉自己正在走进一段历史，走进一些光影交叠的时空罅隙。台阶旁，有对威严的石狮。从宋代建成至今，它们已在此守卫千年。门前两侧各有两根圆形石柱，表面风化，凹凸不平，显是千年风雨侵蚀所致。大门虽为木质，却甚是结实、厚重。门楣顶上，突出四个齿状圆柱。门环为青铜所铸，猛虎形状。轻轻叩击，发出清脆的声响，划破了周遭的静谧。左右两旁，各有一道小门。古代等级森严，想必进出之人得按各自身份走不同的门。

进得门来，又是一番洞天。占地两千余平米的阔大庭院，古朴壮观，气势恢宏。主殿为大成殿，飞檐翘角，斗拱森森，琉璃黄瓦，雕梁画栋，气魄不凡。殿前，两幅青龙石雕呈45度角斜立。左右两侧，各有石阶供人通行。殿前的两根石柱上雕着黄龙，昂首对望。大殿门共七扇，一字排开。跨进殿门，感觉有点空荡荡的。过去，这里可是众多学子埋首苦读、老先生孜孜不倦讲学的地方。可以想象，曾经这里定是书声琅琅，墨香萦绕。殿堂正中靠墙处，供着大成至圣先师神位，东配、西配分别是复圣颜子、宗圣曾子神位。东庑、西庑列设十二先哲神牌，供奉七十二先贤神位。殿内角落，左右各立一碑，上面刻的字已有几分残缺，无法细辨。殿内左右两根粗大的木柱，上刻对联"气备四时，

汀州文庙大成殿 / 黄小黑 摄

汀州文庙残损的石龟 / 黄小黑 摄

与天地鬼神日月合其德；教垂万世，继尧舜禹汤文武作之师"，横批"万世师表"，为清康熙帝御笔所题。身为一名教师，看到这四个字，心中的神圣感与使命感油然而生。韩愈《师说》云："师者，所以传道授业解惑也。"北宋大儒张横渠则曰："为天地立心，为生民立命，为往圣继绝学，为万世开太平。"史烟飘过，回看今天，师者为师亦为范，学高为师，德高为范。走上三尺讲台，教书育人；走下三尺讲台，为人师表。教师，当为人类传承文明，为社会播撒爱心，共树万世之师表，同铸不朽之师魂！

院落四角，均植有桂树，花香沁脾。地上的青石板，历经岁月的洗礼，愈发显得祥和淡宁。东北角地上趴着只残损的石龟，背上苔痕斑斑，四肢的缝隙有青绿蕨类植物冒出。时光流徙，一段墙，一片瓦，一块砖，无一不呈露古朴的痕迹，从历史的尘烟里飘出沧桑的韵味。文庙是可见的历史，如同纪念碑昭于后世。我在某个流动的时间里，翻阅这段历史，于书页抖动间，仰视时空的高度与宽度。

历史上，汀州文庙是一个庞大的建筑群，除主殿之外还有讲学堂、名宦祠、启圣祠、宗圣祠等。文庙许多附属建筑由于历史原因移作他用。现存规模虽不足原来的一半，但依然较好地保持了原来的风格。自明代至近年，对文庙都有维修，使主建筑不失当年风韵。汀州文庙的保护也经历了一些挫折，例如1980

年拆除了棂星门，建起四层的文化大楼，使文庙的完整性受到破坏，失去了文物的风貌。1995年，县政府根据广大人民群众的强烈要求，拆除了文化大楼，集资重建棂星门。1996年，汀州文庙被公布为第四批省级文物保护单位。

文庙最令人印象深刻的，不是古朴的庭院，也不是沧桑的廊柱，而是根植于每一代中国人心中的词汇——教育。世间的繁华在漫长的光阴中，恰似过眼云烟，唯有教育才能将珍贵的文脉传承延续。一座有深厚文化底蕴的城市，才有长久屹立的精神支撑，才能拥有长盛不衰之势头。

汀州文庙曾是汀州府学所在地，它还有个名字，叫孔庙。这座古老的建筑，曾是汀属八县推崇儒教的重要场所，也是闽西地区规模最大的尊孔崇儒的标志建筑。这里是汀州人民举行祭孔活动的场所，同时也是传承孔子思想、进行文化教育的学校。古代庙学合一的体制，使得孔庙与学校的功能紧密结合。学中设庙，学生在此学习文化礼仪的同时，也传播了孔子的儒学思想。《礼记》载："凡始立学者，必设奠于先圣先师。""罢黜百家，独尊儒术"后，儒家被推崇到了一个空前的高度，孔子也被推为至圣先师。封建科举制度下，孔庙与学宫结合，使得教育得到了很大的发展。汀州文庙在传承文化方面也发挥了举足轻重的作用，为国家培养了一批批栋梁之才。远的不说，光是当代就走出了杨成武、何廷一、罗洪标等十三位共和国开国将军，涌现了北村、谢有顺、李西闽、杨鹏等全国著名的作家、评

汀州文庙石狮/黄小黑 摄

论家，还有"北斗"功臣王飞雪，羽毛球世界冠军陈宏……正所谓"汀水千秋，龙脉长传洙泗韵；儒风一派，凤麟迭出栋梁材"。

抗日战争全面爆发时期，厦门大学迁至长汀，历时八年，校本部便设于汀州文庙大成殿。当年的山城长汀，偏远而又闭塞。然而她以博大的胸怀接纳了厦大，使其免却战时的颠沛流离，弦歌不辍。厦大迁来长汀，也给这座古老的山城带来了生机和活力。他们组织了宣传队，深入农村宣传抗日，发表抗战的文艺作品，普及文化科学知识……战时的长汀，中小学师资缺乏，许多厦大人积极承担了教学的重任。数以千计的学子在他们的教育下茁壮成长，长汀中学（今长汀一中）每年都有数十名毕业生考上大学，仅厦大在汀期间就先后录取了当地学生一百多名。厦大在长汀的历史虽然短暂，但留下的精神财富却是永恒的。

离开文庙之时，阳光依然温暖。墙外是高耸的楼房和车辆行人川流不息的商业街，墙内是惊不动道不破的庭院深重和一池清水。我脚下的这方土地，曾是闽西的政治、经济中心，万贾云集，统辖一方。宋代汀州太守陈轩所写的"一川远汇三溪水，千嶂深围四面城"，"十万人家溪两岸，绿杨烟锁济川桥"等诗句，便是汀州繁盛时期的真实写照。如今，虽历经千年风雨，山城风韵依旧。在今时的汀州文庙，仍能真切感受到历史遗留下的厚重印记。琉瓦飞檐，将一座城市的文脉拉长。千年书香，至今仍在古城上空氤氲不散。"道脉贯千秋，薪火绵延，翰墨飘香凝岁月；儒风滋百里，人文荟萃，诗书焕彩染烟霞。"在历史的舞台上，汀州文庙正如一颗明珠，熠熠生辉，永不暗淡！

上杭文庙

上杭文庙位于龙岩市上杭县临江镇解放路。据清乾隆《上杭县志》记载，宋嘉定十六年（1223年）始建，后毁于洪水。明嘉靖二十七年（1548年）重建。由棂星门、泮池、戟门（大成门）、大成殿、崇圣祠、明伦堂、尊经阁、教谕署、紫阳书院、周公书院、入圣第一门、射圃及四斋五祠等组成。

　　古时官学课程设置是礼、乐、射、御、书、数六艺，上杭文庙是我省史书方志中少有的明确记载设置射圃的文庙，是用来教学生练习射箭及武艺的地方。文庙生员有文武之分，射圃是武生员习武之所。武生员属教官管理，除骑射外，教以"五经七书"，晨将传及《孝经》"四书"，俾知大义。在射圃内，置备弓矢，教官率武生较射。清康熙《上杭县志》载："射圃，明正统元年知县张琳、县丞杨孜创置，在县学东北六十步，广袤六十余丈。成化间，以圃地先后建布政分司、察院行台，余地一区。弘治元年，知县徐绶建观德堂于中，仍缭以垣；嘉靖三十年，知县赵文同后改建为府公馆，圃逐废，今在学之东偏。" 崇祯十年（1637年），知县卢跃龙重建射圃。

　　上杭文庙共占地面积8713平方米，其中大成殿重檐歇山顶，面阔3间，进深3间，抬梁式构架。2001年福建省人民政府公布为第五批省级文物保护单位。

记忆中的上杭文庙

陈云英

　　2017 年 4 月，厦门知青文化沙龙的部分成员到上杭参加两位笔友在上杭的新书首发式，它同时也是纪念世界读书日活动。回厦门后，沙龙内部召开了本次活动的座谈会，笔友郑炯垣在会上发言，他说，这次去上杭最大的感受是觉得这座山城建设得很好，特别是上杭文庙这座保护完整的古建筑让他惊叹，他走了全国许多地方，未曾见到几座保护得这样原汁原味的文庙建筑。这说明上杭人民对孔子的尊敬和拥戴，对儒家文化教育的重视。难怪从那里出来的人那么会读书，难怪每年高考上杭的学子都能获得好成绩，这跟地方的教育学风有很大关系。我当时被郑先生的发言深深感动，也为此感到自豪。

　　我在很小的时候就听说在东门的学坪有座文庙，但从没去过，也没人带我前往。到了读小学，有次春游活动，老师带着我和同学们去参观游玩，才认识了上杭文庙的模样。当时也只在脑海里深深地记着，文庙的大门前有一座六柱二屏三门石砌的牌坊建筑，走过石门坎，有一水池，池上有一石桥，桥下有

上杭文庙棂星门 / 陈金来 摄

游动的大红鲤鱼。走进文庙大门里面有一座大殿，大殿左右有似走廊式的地方，墙上贴有图画展，是关于阶级斗争内容的宣传画。再后来20世纪60年代，上杭县文化馆和县图书馆设在庙内，还有上杭县艺术学校也建在那里，学员们在大成殿内练功。每到星期天文庙很是热闹，许多小朋友都会来图书馆借书，坐在文庙的大成殿外侧、东西两庑的木椅子上看图书和画报。"文革"时，文庙没有受到破坏，而且得到适时的修缮，也许是对文庙的敬畏，也许因为当时它是图书馆和文化馆所在单位，才保存完好。

70年代我结婚成家，有了孩子，每到新年放假的日子里，我都会带他们去文庙转转，看看泮池里的大红鲤鱼，沾沾才气。上杭人从小就深深知道，要想有出息就要认真读书，只有读好书，才能改变命运。当时大成殿前好像有一香炉，虽然没能烧香，但我们就在那里拜拜，愿孩子们能努力读书，健康成长。我清楚记得老人跟我说过的一个规矩，家中有人去世要送到城外辟棺时，送葬队伍途经文庙门前，抬棺人一定要停下来，让行孝子孙跪拜片刻，再抬棺前行。这便是遵照"奉旨一应文武官员军民人等至此下马"而行的。

2000年，世界客家第十六届恳亲大会在龙岩召开，作为客家文化发源地

上杭文庙泮池/蓝善祥 摄

上杭文庙大成殿/蓝善祥 摄

之一的上杭，把修复文庙作为重点建设项目之一。孔子，是我国古代伟大的思想家、政治家、哲学家，是中华文化最杰出的代表之一。他在政治，教育、哲学、文学、史学等诸多方面，都做出重大贡献，被后人推崇为圣人，尊为"至圣先师"。上杭人民对孔子的爱戴，从约800年前建造文庙的行动就有体现。我的学长、上杭烟草公司退休职工、收藏爱好者林祝龄先生，听说把修复文庙作为这次恳亲大会的重点建设项目，很是高兴。他看到文庙大成殿空空荡荡的，没有孔子的塑像、牌位或画像，心中感到非常遗憾，顿时萌生了为大成殿请一尊孔子塑像的想法。在向县里有关领导建议购买时，被告知审批程序一时半会无法完成。于是林祝龄先生向社会热心人士发出倡议，由民间筹集资金塑孔子铜像。他这一倡议获得了不少有名望的退休老干部、老教师和同学的响应，你一千他一千，很快筹到了4万元资金。

资金有了着落，但没有孔子的画像怎能铸像？祝龄学长经多方打听，得知城关有位郭姓收藏爱好者，家中收藏有孔子的画像，保存完好。祝龄学长立即上门讨教并获得画像，欣喜之余赶紧联系铸造厂家，当时即获得了河南南阳一老板的大力支持，联系让河北保定的一家铸造厂铸造，价格便宜。经过一些

纪念孔子诞辰二千五百六十八年

上杭文庙孔子及四配像／蓝善祥 摄

上杭文庙孔子像／陈云英 摄

时间，孔子铜像成功铸造完成。

孔子铜塑像高 2.6 米，重达 600 斤，如何运回上杭成了最大的难题。厂家只答应用大巴车送到广东东莞，因当时交通还不方便，祝龄先生决定亲自前往河北保定督运。十月的北方天气多变，由于出门仓促没带冬衣，祝龄只好买地摊上便宜的寒衣保暖，为了省钱选最便宜的旅社居住，旅社里没电没水，三餐喝小米稀饭配馒头，一个多星期在保定可算是条件艰苦。但他心里非常坚定，运送孔子塑像过程中的几件事让他永记心中。孔子铜像出厂要搬上大巴车的行李架，完全要靠人工搬上去。

工人们用最简易的方法，在车顶上用绳子拉，在车下用竹竿当推板，慢慢地把铜像推上去。当推行至一半时，意外发生了，用作推板的竹竿突然断裂，千钧一发之际，没有人退缩，用肩扛，用手托，大家硬生生把铜像拉上了车顶。到了广东的东莞，也是用人工把铜塑像从大巴车的行李架上慢慢地搬下来，放在车站的一块空地上。当人们知道这是孔子的铜像时，纷纷止步向孔子铜像恭拜。此时祝龄学长被眼前的情景感动，顿时忘记了一路的辛劳，明白了自己正做着一件很有意义的事。次日，孔子的铜塑像被安全运回上杭，祝龄学长一颗忐忑的心终于落了地。同年 11 月 22 日，在世界客家第十六届恳亲大会期间，在上杭的文庙举行了隆重的孔子铜像揭幕仪式。

2012 年，祝龄学长又积极动员社会人士曾庆祥夫妇捐款 18 万元，制作了颜回、曾参、孔伋、孟子四配铜像。四配铜塑像于 2012 年 12 月顺利被运送到上杭文庙揭幕开光。

孔子及四配铜像立置在上杭文庙的大成殿上，使上杭文庙增添了光彩。祝龄学长及上杭各界有志人士的义举，他们功在当代、利在千秋的行为，将一直被刻在功德碑上，被人们所传颂。

上杭文庙经过多次修缮，越来越焕发光彩，特别是增置了孔子铜像和四配的铜像，更体现了文庙的庄严和肃穆。1984 年 5 月，文庙被列为上杭县文物保护单位，2001 年列为福建省文物保护单位。随着全球"尊孔崇儒"热的升温，近年来，慕名来上杭参观文庙的中外人士愈来愈多。这座古老的庙宇正焕发出中华建筑艺术之青春，成为港澳台同胞和海外侨胞寻根谒祖、览胜之圣地。2018 年 7 月回上杭，又看到文庙正进行修缮，上杭文庙在上杭人民的珍爱和保护下变得更加美丽，让文庙给上杭带来福气。希望孔圣人佑我客家子弟、上杭儿女多出人才，为建设祖国和家乡作贡献，为上杭人民争光！

上杭县学释奠仪制录

祭期：春秋二季。

祭日斋戒：祭前三日，承祭官、陪祭官及执事，皆沐浴更衣，散斋二日，各宿别室，致斋一日，同宿斋所，不饮酒、不茹荤、不吊丧、不问疾、不听乐、不行刑、不判署刑杀文字、不与秽恶事，惟理祭事。

省牲：祭前一日，执事者设香案于牲房外，献官常服。赞者唱"诣省牲所"，唱"省牲"（牛羊豕鹿兔省之，谓看牲畜有无齐足，肌体有无肥腯，毛色有无纯正）；省毕，唱"省牲毕"。宰牲：必取血以告杀，取毛以告纯，以盆盛毛血少许，乃退。祭品、祭器：祭品以太羹、和羹、黍、稷、稻、梁、盐、鹿脯、鱼、陆果（枣、粟、榛）、水果、韭菹等。祭器：麾、大钟、镈钟、编钟、歌钟、特磬、编磬、歌磬、琴、瑟、凤箫、洞箫、龙笛、双管、篪、笙、埙、鼓等。

祭典仪式：鼓初严，殿上两庑诸执事各燃灯、燃香，各官俱朝服，鼓再严，歌生、乐舞生序立两边，鼓三严，各执事者启牲匣盖，以汤浇牲体使气上升，引赞引各献官至戟门下北面立。通赞先后唱"乐舞生各就位！""执事者各司其事！""陪祭官各就位！""分祭官各就位！""正祭官就位！""掺毛血！""迎神！"乐奏《咸平之章》（乐作，舞生跳"大成乐舞"，分"宁平""安平""升平"三节，舞生六十人，动作有衡、落、拱、呈、开、合、相、垂、交、整齐划一，简单）；舞毕，"跪，叩首！"在行三跪九叩礼后，执事者捧吊磬，鞠躬边立，献官盥手毕，执事者注酒于爵。"读祝文！"

祝曰："维×年×月×日，正献官×，分献官×，敢昭告于至圣先师孔子之神曰：维师道冠古今，德配天地，删述六经，垂宪万世。今兹仲春（或秋）谨以牲帛礼粢，祗奉旧章，式陈明荐，以复圣颜子、宗圣曾子、述圣子思子、亚圣孟子配，尚飨！"读毕，再在孔子神位前行终献礼，礼毕，各官俱朝上一揖。

漳平文庙

漳平文庙位于漳平市菁城街道八一路，由漳州府同知蒋浚、漳平知县陈栗等创建于明成化七年（1471年）。据明弘治三年（1490年）版《八闽通志》载，漳平文庙"中为大成殿，塑先圣、四配、十哲像。东西为两庑，前为上戟门，又前为棂星门。殿后为明伦堂，东西为两斋，堂左右为夹室、神厨、神库，堂后为教谕、训导廨舍。西斋之后为学廪。棂星门之内为泮池及文昌祠。成化十六年（1480年）知县李斌命工凿石修砌泮池"。

　　2007年秋，漳平文庙采取"民办公助"的修建办法，进行全面修复，大成殿在清嘉庆年间重修的基础上修建，坐北朝南，面阔5间，进深5间，重檐歇山顶，抬梁式构架。现整体占地面积3000平方米，建筑面积约1800平方米，由南向北依次为棂星门、泮池、戟门、天井、祭台、大成殿，两侧有东西两庑。2013年福建省人民政府公布为第八批省级文物保护单位。

走进漳平文庙

刘秀梅

　　每天上下班、买菜途经漳平文庙无数次，都是匆匆而过，似乎早已司空见惯，从来没有刻意去留意它。记忆中的漳平文庙曾经是儿时游玩嬉戏的好场所，也是承载漳平人最浓乡愁的古建筑之一。

　　漳平文庙，是漳平最早的县立学宫与奉祀孔子相结合的庙宇，坐落于漳平市政府大门右侧，是漳平中心城区唯一的儒学圣地，也是漳平最具标志性的名胜古迹之一，系于漳平置县当年即明成化七年（1471年）由漳州府同知蒋浚、漳平知县陈栗等人提议而创建。历经500多年的朝代更迭与岁月沧桑，文庙多有毁损，然则屡毁屡修，其间包括于明正德七年（1512年）、万历三十七年（1609

漳平文庙大成殿／朱裕森 摄

年）重建，清康熙二十年（1681 年）重修。"五四运动"以后，漳平文庙改作县立学校校址，1940 年起，校名改称"菁城中心国民学校"。抗战期间，日军飞机轰炸漳平城区，其中两枚炸弹落在文庙大成殿之后，致房屋多间毁坏。1951 年冬，校名更为"菁城中心小学"，校址仍设在文庙。1968 年春，学校改名为"东方红小学"，其后第二年迁至原漳平县保健院旧址（即今漳平市教师进修学校附小），随后漳平印刷厂迁入文庙，于该址经营至本世纪初宣布倒闭破产止。2007 年 12 月，漳平市再次启动修复文庙工程，至 2010 年 1 月工程完工。春去秋来，世事轮回，漳平文庙一直延续传承着尊师重教、授道解惑、

《漳平县志》文庙图

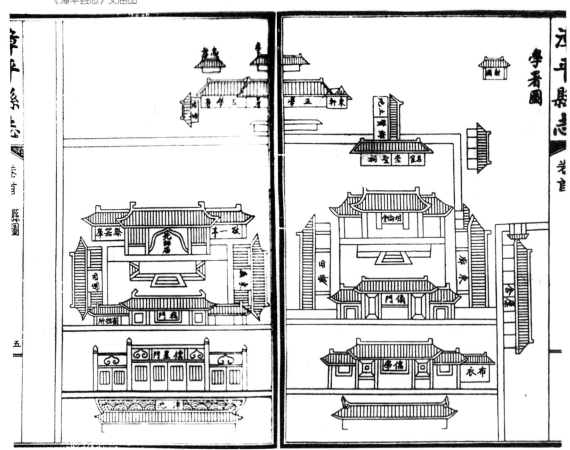

漳平文庙泮池／张晓玲 摄

研习文化的风气，一代代薪火相传，绵延不绝。

而今，当你来到整饬一新的漳平文庙，走过围墙便是棂星门，棂星门是文庙的第一道大门，为牌楼式石结构建筑。汉以后，"凡祭天，先祭灵星"，棂星门传说是按神话中的天门设计建造的。棂星即灵星，是天上的星宿，古人认为它"主得士之庆"。文庙设门名棂星，是说尊孔如同尊天，兼具"取士得才"之义，也寄以天下文人学士汇集于此、统一儒学门下之愿。棂星门是文庙最具特色性的建筑之一。

穿过棂星门便是1200平方米的内庭，东西两旁各种植树木花草。棂星门再往内走是石埕，中有个半月形的水池叫泮池。"泮池"意即"泮宫之池"，它是封建时代官学的标志。据说，泮池源于孔子课余时带弟子参观鲁国天子演绎礼仪的宫殿，后世把入学称为"入泮"。泮池上面有状元桥，状元桥下潺潺的水声仿佛在向你喃喃诉说着文庙的昨天与今天。

再往前走，便是朱红色三扇木门，正中最大的门就是大成门。大成门又称仪门，俗称戟门，因为宋以后孔庙门列棨戟，故有此称。戟门，开三孔各双扇门，红色门板上装五排金色门钉，中门顶上悬挂一块漆金木刻龙纹框缘、蓝底金字"戟门"匾。为表示对文庙的礼敬，遇有重大仪典才开中门，平时均以

两腋门出入。大成门内为大成殿和东西两庑，即庙院左右两边的上下廊庑，各长 41 米，宽 5.8 米，庑边耳室内分别布置陈列"孔子圣迹""漳平教育成果展览"等，这里长长的回廊，姹紫嫣红的花圃，在阳光下静默着。微风吹拂，小花摇摆，花瓣飘落，鸟儿啼唱，我小心翼翼地行走在布满斑驳树影的青砖路径上，担心会无意中惊扰到它们。

走过天井是祭台，在大成殿前的天井正面，为 0.7 米高平台，宽 12.7 米，深 5.4 米，正中嵌有长方形的石刻龙纹丹墀一块，雕工精巧，左右各有五级台阶。祭台上安置一个仿商后母戊青铜大鼎，重千余斤。平台三面均有 0.7 米高的石围栏。左围栏背后有一口大钟，右围栏背后有一个大鼓。记忆最深的还是儿时开学前的一两天，一大早妈妈提着供品领着我们有读书的孩子来到文庙的祭台，点上香烛，摆上若干供品祭拜孔子，希望我们能好好读书，考个好成绩。

祭台前是大成殿，是文庙的主体建筑，前廊有六根立柱，中间四根为石基方柱，两边两根为圆柱，殿内十二根圆木柱，木柱直径最大为 42 厘米。其中六根圆柱挂着三副黑底漆金木刻楹联。"大成殿"三字漆金木刻竖式匾额挂于重檐之间，"大成"二字出自《孟子》："孔子，圣之时者也，孔子之谓集

漳平文庙大成殿 / 张晓玲 摄

大成。"大成殿门内上方悬挂"斯文在兹"牌匾，孔子塑像上方悬挂"万世师表"黑金牌匾，两旁分别排列着"与天地参""生民未有"的蓝底金字匾，各镶嵌着木刻龙纹框缘，分别采用清康熙、雍正、乾隆、光绪诸帝之御书复制。

大成殿建筑格局为一字排开的五开间，坐北朝南，面阔 5 间（各 20 米）、进深 5 间（各 19 米），高 12 米，平面呈方形。殿顶为重檐歇山顶式，下檐前廊与东、西、北三面设双步梁；殿内面阔与进深的明次间均设有内檐斗拱，殿内天花板上为穿斗式梁架，上檐及内外檐斗拱的形制、纹饰和装置，繁复且有特色。前廊四周地板铺的是条石，殿内地板铺的是土红色方砖，墙面是抹白灰，墙脚由五片石板组成，东西面老檐柱之后砌山墙，背面砌后檐墙，屋面结构为椽子上直接搁蝴蝶瓦，上檐设正脊、垂脊、戗脊、博脊，下檐作围脊、角脊。正脊两端为灰塑龙头作正吻状，中部用镂空砖装饰。在檐头房脊顶首尾均作各种造型的灰塑。屋上博脊等有精美的雕饰。所有木构件都刷上土红色油漆，大成殿主体结构古朴雄伟，色彩稳重协调，基本保存清代建筑结构风格。

殿堂正中主位供奉孔子铜像，像高 2.65 米，坐北朝南。孔子慈眉善目，和蔼可亲，手握册卷，神形兼备，像前竖着"至圣先师孔子神位"。孔子雕像的右侧为东配位，祀"复圣颜子回""述圣子思子伋"立像。左侧为西配位，祀"宗圣曾子参""亚圣孟子轲"立像。东西两边次位各祀十二哲塑像，分别为东哲闵损、冉雍、端木赐、仲由、卜商、有若，西哲冉耕、宰予、冉求、言偃、颛孙师、朱熹。塑像人物形神兼备，栩栩如生，展现孔子弟子四配及儒家学派代表人的形象。殿内还配置各种青铜祭器、许愿牌，整体布置庄严肃穆，令人到此敬意油然而生。

大殿外墙立有多块碑铭，大多为当代漳平籍知名人士墨迹，左边有土地庙，大殿后墙立有《重修文庙碑记》和《捐款芳名碑》等石碑。壁上还留有石刻捷报，让人直可穿越时空隧道见到昔日文庙儒学文化的厚重。青砖条石，庙阔庭

群众在漳平文庙内下棋休闲 / 陈秀容 摄

深，花窗雕梁，尽显沧桑历史，古色古香。

儿时记忆中，家离文庙不远，当年家住在文庙附近的小孩子经常到这里玩，一玩就是大半天，在这里看书、唱歌、讲故事、玩游戏。女人们抱着孩子，咬着耳根子；男人们或是握着一柄满是茶垢已看不清底色的茶壶，或是摇着一把已经裂成不知多少瓣、长长短短、摇起来嘎啦嘎啦响的葵扇，三三两两，陆陆续续，慢慢踱步到文庙里的榕树下乘凉，他们道古论今，谈天说地，有下棋的、看书的；小孩们乖乖地坐着，听长辈讲那古老的故事；妈妈们打着毛衣、做着刺绣，一边哼着古老的催眠曲哄着孩子入睡……我则总喜欢拉着三姐津津有味地讲着我自己随心所欲编的故事，不管姐姐爱不爱听，只管滔滔不绝地讲着，引来姐姐和小伙伴的阵阵笑声；有时我摘一片树叶，卷成一卷当笛，放在口边，胡乱吹出声音来，至今三姐还总会提起我那时的趣事。吃饭时间到了，我们玩累玩疯玩够了，纷纷从文庙各个角落跑出来，挽起裤管，像归巢的小鸟一般四散飞回各自的家……

彼时，已是阳光通透，文庙白墙青瓦，飞檐翘角，在阳光照耀下，它的影子与周边的建筑融为一体，与传统儒家文化传承和现代文化发展融为一体，与传统儒家道德教育和现代法制教育融为一体，与一个民族和一座城市的前世今生融为一体，成为当地古建筑和儒家历史文化符号的标志与寄托。

建瓯文庙

建瓯文庙即建宁府文庙，位于南平市建瓯市仓长路 163 号，始建年代无考。南宋建炎年间重建。南宋绍兴二年（1132 年），郡守刘子翼重建，立庙于学。绍兴十四年（1144 年）毁于水，以后屡有兴废。明永乐三年（1405 年）重建时迁至今址。

　　现存建筑为清同治八年（1869 年）重建，历时 10 年，至清光绪五年（1879 年）落成。由屏墙、棂星门、泮池、戟门、大成殿和两庑组成封闭式建筑群体，占地面积约 8000 平方米。大成殿，重檐歇山顶，面阔 5 间，进深 4 间，抬梁式木构架。庙内存明嘉靖时浙江黄岩人符验摹刻唐吴道子所绘孔子画像碑刻和清康熙御碑各一方。

　　建瓯文庙一直是闽北地区最大的府学和祭孔中心，是当年莘莘学子尊孔读经、接受儒家思想文化教育的圣地。2013 年国务院公布为第七批全国重点文物保护单位。

古城·孔庙·人家

赵 玲

　　古城是生养我的地方，那红墙飞檐的鼓楼、悠长的小巷，还有花格窗饰的民居，留下了太多过去的欢乐和梦想，每每看到古色、老式的东西，都会自然牵出情感深处的涌动。当阔别多年重返古城，曾经熟悉的一切都变得陌生了，鹅卵石小巷已经不在，飘荡其间的足音也已远去，可千年孔庙却悄然敞开迎候面前，着实让我惊喜不已。

　　古城孔庙又称"文庙"，坐北朝南，翘角门楼朝东开着，上嵌景泰蓝"孔庙"二字，古魅诱人。庙宇出奇宏阔，成直线布局着修葺齐整的棂星门、泮池、戟门、庑廊和大成殿，轩殿相接，廊庑回环。封闭式的古建筑群里，草木荫菲，因不事香火，特别幽雅，弥漫着淡淡的沧桑气息，恍若一个临市而居又固若金汤的部落，默不声张地伴随古城演绎岁月的神话。

建瓯文庙大成殿 / 杨德魁 摄

作为历史遗迹的存在绝非是孤立和偶然的，它是一定时期社会状况、文化和心理的积淀及演示，建筑唯物史论者称之为文脉。这也正是文物保护、研究和存在的价值所在。古城的孔庙就是古城的文脉。

沿着简洁的、张挂着许多图文的长廊走进，一千八百年的古城历史也沉静地行云般舒展开来。古城"秦汉以前，草昧未开，文献无征。自唐、五代至宋、明，文化渐兴，人才辈出。尤以宋朝南迁之后，文化更加兴旺发达"（《建瓯县志》）。从东汉建安元年（196 年）闽史上最早的五县之一的建安，到唐武德四年（621 年）与福州平分"福建"之名由的建州，宋绍兴三十二年（1162 年）闽史上最早设置的府——建宁，我仿佛看到东吴首置全闽第一郡走出的古城于唐闽地第一个设州治蓬勃的晨曦中，不断承接政治、经济、文化南移，迎来儒学昌明的霞光，发展渐入鼎盛。就在北宋，孔庙呼之欲出。

据史志记载，宋至明清时古城"一城三庙学"，即有 3 座孔庙、附设 3 所儒学，另有私塾 200 余所，书院 25 所……现遗留唯一的孔庙，是省内最具规模的孔庙之一。原西邻的建宁府学宫，可惜早年已焚毁。古城自古名儒辈出、美誉"海滨邹鲁"，拥有过"1154 名进士、3 名状元、10 名宰辅大臣，是福建历史上出进士最多的县"之辉煌，曾为历代闽北社会中心的古城，其兴学崇文之风，灼灼可见。

雄伟的主体建筑大成殿是于清同治八年（1869 年）历时十载重建的，其面阔 5 间，进深 4 间，由 34 根楠木组成的柱群，在宋代的柱础上支撑起十五檩抬梁式屋架的重檐歇山顶。殿内明间、次间的藻井天花，传统彩绘斑斓绚烂，与高悬其间的康熙真迹"万世师表"匾和光绪帝"斯文在兹"匾护映着气宇非凡的大儒孔子塑像和两旁四配圣人像，恢宏庄重又绝美浑成。唐宋的精巧密布后，从雄阔向精致、开放转内敛的文化迹象，犹如扎着红绸流苏的挑幡，舞动很切合古城格调的韵律。由此不难理解，与孔庙同一历史层面上兴盛的建窑黑

建瓯文庙大殿藻井 / 林峰 摄

釉瓷、建版印刷、北苑贡茶等繁荣气象。

有学者道，研究闽北的历史必须立足古城，乃至闽史都不能无视古城，其历史文化之超群不言而喻。在漫云飞来的历史天空，如果说南唐王廷政在建州称帝的闽国（943 年）像流星一滑，转眼即逝，那么先前唐建中元年（780 年）建州刺史陆长源效法唐观察使常衮"始教闽人以学"、"兴廉举孝，敬礼耆艾"、广开文化教育就是启明光辉，昭然日月。古城在名儒辈出之列中为陆长源记下了重重一笔。时光再现不出古城当年的风华，但在那一串名垂青史、让后人缅怀和颂扬的人和事中，的确还留下朱熹之印记。我想，宋绍兴六年（1136 年）随父朱松迁居建州的朱熹，在古城环溪精舍八年生活的熏染启蒙，应是与生俱来的刻骨铭心罢。当集文化之大成的朱子理学横空出世，他的"天理只是仁义礼智之总名，仁义礼智便是天理之件数"思想是否就有孔庙潜移默化的影子呢？著名历史学家蔡尚思寓论于诗的"东周出孔丘，南宋有朱熹。中国古文化，泰山与武夷"，好像告诉我们什么。

殿内一为明嘉靖浙江黄岩人符验摹刻唐吴道子手笔的孔子画像碑刻，再

次引人观叹。这是县志记载的"碑自黄梅县飞至建阳，郡守命移祀建宁"所称的"飞来碑"，而飞来的又岂止是碑石？"万世师表""斯文在兹"匾下的孔子已端坐这里千年。圣人像前一排特别选用弯曲不直的栋梁大柱，似乎在亘古不变地絮叨着孺子可教、因材施教的育人理念。中国文化自古注重成人伦、助教化的审美规范，到宋代理学，其"三纲八条"更卓显建树理想人格之"内圣"的文化功能。曾经蛮夷之地，遗风善俗留徽，犹是教化所至，这就是古城的睿智、卓识！

其实，我在古城二十年的生涯里，并不知孔庙。那个特殊的年代，古城人将孔庙封门闭关、销声匿迹，所以保存至今。但古城的文脉又何尝关得住？岁月一回首，她在万家灯火处。

凡是美好的东西似乎都与女子有关。文化是滋养人的，相由心生，古城美女子显然具有风情。元朝时意大利人观光游此，在他的《马可·波罗游记》有关"雄大繁华的建宁府"的赞誉中有两处"美丽"，一是"有世界上最美丽最精致的桥"，另就是"有顶美丽的女子"。我想，来自中世纪文艺复兴地的马可眼里"顶美丽的女子"，不单是清俏的姿容，应该还有在南唐灭闽国战乱中保城众大德的"芝城众母"练夫人吧。这让我陡然想起儿时的情景：傍晚掌灯时分，该是古城人家母亲嘱孩子轮值去了，街里巷道便有拎灯笼的小孩挨门逐户念"火烛小心"的游动。这同于打更以防火防盗的习俗，竟然是20世纪70年代古城的风景，非梦、似梦。

可梦里的还有，喜欢循着高高土墙下走小巷进一重天井一重天的人家，喜欢从花窗阁楼闺房伸手触阳光的那种感觉，喜欢看木件被稻草和瓜瓢擦洗得泛白后坦露的本色本香。古城悠久的文化也在那三厅四进的老宅中。

这里人家的女子总是最赶早的，雾霭中已踏着鹅卵石从小巷深处的井里汲来甘冽的水，用袅袅白烟和饭香唤醒了沉睡的古城。物质匮乏的年代，母亲们总是会就地取材、变魔法地自制各式可人的炒米糕、豆沙糖、清明粿、年糕粽、锥栗等时令小吃，那大概是儿时最无法抗拒的诱惑。遇上一家煮锅边、做甚好吃的，大人便使小孩一碗一碗分送着去让各户尝个鲜，庭院邻里的小伙伴们便一同欢喜起来，忙活在厅堂灶前的母亲们依然是乐吟吟的。过节家宴摆上透白的粉丸、筋实的炒光饼、纯美的"纳底"、糯香的鸡茸、地道的板鸭……林林总总，虽然精料不足，但口味是无法挑剔的，那是古城女子的看家本领。市井人家那份有滋有味的美呀，至今缠绵心头。现在，老宅上已建新楼，心灵手巧的古城女子又把舍弃不下的老房花窗装饰在新居里了。

曾听说欧洲人有恋物癖，喜欢把过去的东西装在橱窗或钉在墙上，关进特制的大房子，得空了，想了，就到那叫博物馆的地方待上半天一天，找回容易被岁月遗忘而缺失的感觉。如今，国人也喜欢把过去古式的东西装到宅子或脑子里，随见随想。渗透到骨血里的东西，本应该是生活的部分。早年，古城就把闽国帝都标志的五凤楼（鼓楼）装进许多书籍，仔细布置成公共图书馆。如今，又将孔庙精心收拾成博物馆开放，让人有发思古幽情的去处，尽可以一日三省、冥想悟禅、禅去浮躁、沾点"文气"，然后一身爽朗地再回红尘世间。保留了老东西，又放进了新东西，教化旁达，走出更高更新的天地，这等好古恐为欧洲人所不及，才真是古城的大幸事！

建瓯文庙摹吴道子石刻孔子像碑／林峰 摄

不能不说，古城文化更晕染了浓郁的人文情感色彩，那是根植生命的东西，一旦沾染了，不管走多远多久，仍然如同生命一样的鲜活！

静静的建溪水源远流长，现在，古城人家祈望学业精进、榜上有喜，总是必到孔庙寻个寄托，忠守"万世师表""斯文在兹"的古城也一如孔庙不事香火却永续着"香火"——高考佳绩饮誉八闽，古城教坛神话传唱至今，就连因洪灾延期高考，闽北文科第一还花落古城，作为从这走出的学子，怎能不满怀深情地注视她？

在此仰望低首，无不感受到古城每一次历史呼吸的文化力量，曾经温馨、亲切的感觉渐渐找到了恰当的位置和表达。一直认为文化是种子，是必须依赖土壤的东西。在它未入土时，无法显出生机，而一旦落地生根，就无法忽视它的生长。如今，我觉着文化也是神灯，它有灵魂，伸展灵性，飞得无时无处不在，美好隽永。但，它更应是一种道行，这里走进的是文明，走出的是合着时代脉搏的精神。这片文化血脉滋养着的生生不息的神奇土地，千百年沧海桑田，不变的是古城依然灿烂的文化情怀——这种重教、尊教、善教诠释和再造的文化情怀，足以荣耀永远。

建瓯文庙"至圣遗像"石碑

大成殿内"至圣先师"孔子布衣像石碑，刻孔子着布衣戴帽呈捧手于胸前状立像，右阴刻竖楷书"至圣遗像　黄梅县碑""吴道子笔"，左部阴刻落款"明嘉靖丁未秋浙江黄岩符验摹刻"。碑于1985年殿内铺地砖时出土。符验（？—1556年），字大克，号松岩，常以青菜煮羹下饭，被称"符青菜"。嘉靖二十七年（1548年）任福建福安县令。《建瓯县志》载："碑自黄梅县飞至建阳，郡守命移祀建宁。"因有一"飞"字，后人称为"飞来碑"。

崇安文庙

武夷山市原名崇安县，武夷山文庙原为崇安文庙，为宋绍圣二年（1095年）知县王当所建。原有大成殿、两庑、学官、"兴贤、登俊、自得、善库"四斋、棂星门、兴文祠、崇圣祠、明伦堂、"闽邦邹鲁"牌坊、"文路"和"礼门"门楼、忠义孝悌祠、文昌阁等，史称"规模宏丽"。

　　文庙位于武夷山市政府院内，现仅存崇圣祠、明伦堂、泮池、状元桥和棂星门等附属建筑。2014年，武夷山市政府对崇圣祠、明伦堂进行了全面的修缮。朱熹在武夷山生活的近50年里，曾多次拜谒文庙，并留下了《建宁府崇安县学二公祠记》和《建宁府崇安县学田记》，是现存重要的理学遗迹。2016年武夷山市人民政府公布为第十批市级文物保护单位。

古邑崇儒的精神高地

邹全荣

现遗存于武夷山市区营岭的崇安文庙遗址，已具有千年的历史。北宋淳化五年（994年），始置崇安县，崇安文庙随后始建，先期地址在昼锦坊，其具体时间已无文字可考。后《崇安县志》才有记载："（文庙）在兴贤坊营岭之右（南），宋绍圣二年（1095年）知县王当（重）建。"即今天武夷山市政府办公大楼一带。其时文庙大门朝南，建制完备，有大成殿、两庑、学宫、斋楼、库房。大成殿前是棂星门，棂星门外建有兴文祠、射圃和大观亭等，面积十余亩。宋乾道三年（1167年），知县诸葛廷瑞在文庙立二贤祠，祀赵清

崇安文庙棂星门 / 吴心正 摄

献公、胡文定公，由南宋理学家朱熹作记。

"景定二年（1261 年），知县林天瑞复兴学宫，建诸贤祠于内。" "咸淳元年（1265 年），知县刘汉传重建大成殿，易立教堂为明伦堂，东为景行祠。"

"至元十六年（1279 年），知县张茂绩重修儒学。建礼殿，修讲堂，构两庑，设三门，先贤祠宇、诸生斋舍，罔不具举。" "至治二年（1322 年），刘源祖知县事，甫下车，踵成前令修学宫，又建二坊跨冲通。左曰'风化之源'，右曰'道德之圃'。" "泰定四年（1327 年），张端本知县事，增修县学、乡贤祠，又增广祀田，皆捐俸，自为记。" "至正壬辰年（1352 年），知县彭廷坚重修。"

"明洪武四年（1371 年），知县徐德新重建。永乐十一年（1413 年）修葺。学门之内立先贤祠，祀忠显、文靖、草堂、忠定、忠肃刘公、文定、靖肃、文

崇安文庙崇圣祠大门/赵建平 摄

忠、五峰胡公、微国文公、西山蔡公、忠献苑公、清献赵公、都官傅公、承议刘公、翊善翁公（此十六人均为崇安圣贤）。""嘉靖四年（1525年），知县潘勖尝立社学于四门，聚童子之秀者，择师训之。朔望令诣学宫，讲诗学，习揖让，一时人才蔚起。"（《崇安县志》）至嘉靖三十一年（1552年），崇安文庙进行重大改建。由坐北朝南改为坐西朝东，据说是适应于营岭地形的扩建，其结构为："中建文庙，左右为两庑（供奉先儒、先贤），各九间，庑末二间，左为祭器库，右为书籍库。前为正门，左右为翼门。又前为棂星门，皆琢石为之（今存立于市图书馆内）。庙左为明伦堂，堂左为名宦祠，右为乡贤祠。堂前左右廊各八间。左廊之左为启圣祠（原为文定祠基）。庙之右为教谕、训导署。棂星门前辟周道环于学宫，左转北向以临通衢为泮宫坊。"（《崇安县志》）隆庆二年（1568年），知县余乾贞改建江南邹鲁坊，规模宏丽，比先前建筑空间大好几倍。隆庆五年（1571年），知县朱琏"饬学宫，崇先哲，为期日如子弟皆来会，以身教之，而文事复兴"。

明末，文庙又数次改建，大门曾改向北，并一度迁址于北门牛氏巷。进入清朝，尊孔达到历史高潮，朱熹地位与声誉也随之上升。康熙五十一年（1712年），朱熹由先儒升为先贤，配享大成殿列十二哲。康熙五十二年（1713年），知县梅廷隽、教谕龚骏声请于郡守张关翔凤改建。今所中为大成殿，左右为庑，前为戟门，戟门之左为名宦祠，右为乡贤祠，外为棂星门。门外为黉墙，墙左为五贤祠，祠外稍转近街为坊。明代董其昌亲笔题匾"闽邦邹鲁"。殿之右为崇圣祠，"祠右旷址深广十余丈，留为学署，其前为明伦堂，堂匾及照壁篆刻圣经，皆朱熹书。左右翼以夹室，暂为教谕署。堂前左右为廊庑（学子读书、考试用建筑），中为仪门，左为长生祠，右为土地祠。前为泮池，池上为桥（状元桥），桥将泮池一分为二，桥前为大门。大门之外，右为忠义孝悌祠。旁辟为射圃，圃外建文昌阁，暂为训导署。门额石刻'义路、礼门'

四字。……其制仍向东，盖顺地脉"（《崇安县志》）。光绪五年（1879年），乡绅万方昆等筹资复建文庙，在原址"规复旧制，而益拓大之。飞客流丹，壮丽甲于闽北"（《崇安县志》）。光绪十年（1884年）七月，明伦堂又遭遇大火被毁，万方昆重建。

现崇安文庙的建筑还遗存有棂星石雕坊门，铁链圈围的石雕栏柱，石板和卵石拼砌的台地。过了台地是一道坊门，左为"义路"，右为"礼门"。坊门后是泮池，泮池之上是"状元桥"，与七十二层台阶连为一条中轴线，此阶意喻孔子之弟子七十二贤人的成长之路。崇安文庙把科举文化时代的"鲤鱼跃龙门"理念，用七十二台阶诠释了出来，寓意崇安县科举兴邑、科第峥嵘。崇安文庙的东台原构有结构恢宏、飞檐挑角的木构牌楼，牌楼正方前后悬有匾额，多为名人题赠。明代著名书法家董其昌手书的"闽邦邹鲁""仰之弥高"，表达了崇安文庙在本邑享有极尊的文化地位。"文革"时，崇安文庙里闪耀着儒家文化光彩的名人字画、匾额楹联，遭遇了空前愚昧的涂炭。原道旁立有"文武官员至此下马"碑被毁，仅幸存"戒石铭"碑石一处。中华人民共和国成立后，崇安文庙遗址被崇安县人民政府征用为各机关部门的办公场所至今。

崇安文庙牌坊旧貌

崇安文庙明伦堂 / 赵建平 摄

1106 年，崇安文庙的北面始植香樟树多棵，至今有九百多年的历史。其中一棵古樟树冠直径在七十米以上，树干粗壮，旁枝如巨臂向四周伸开去，撑起的浓密枝叶，宛如巨伞覆盖着崇安文庙的大地，此树又有瑞兆之象，因此号称为"崇安瑞樟王"。2008 年市林业部门挂牌确认为"古树名木"保护对象。"瑞樟王"坚守文庙近千年，见证了崇安城的历史变迁。这棵瑞樟王与其他数棵古樟一起，犹如文庙周围的"孔林"，不仅枝繁叶茂，而且树冠如盖。这些祥瑞古樟，见证了崇安文庙的历史变迁，也庇佑了武夷人文的昌盛。

崇安文庙凝聚了儒家的礼仁文化，对科举仕禄的功名追求，产生了强烈的辐射力。设于文庙大门前的文昌阁，引领了崇安各乡村民对文昌帝君的敬仰崇拜，各乡里坊纷纷效仿建文昌阁。文昌是传说中掌领众星、召使群灵的首领。在文庙儒学礼教的影响下，崇安乡民把文昌帝君视为"文运之星""科举之神"，加以祭祀祈拜。

崇安县（今武夷山市）自唐垂拱元年（685 年）到清光绪十八年（1892 年）的 1300 多年中，出状元 1 名（宋代，翁德舆），出特科状元 2 名（宋代，彭路、詹马癸），进士共 248 名。两宋时，崇安县科举成就可谓达到巅峰，考中进士者共 214 名，占崇安县籍进士总人数的百分之八十以上。其中白水籍人柳永的兄弟侄子，三人都是进士，足见崇安在两宋历史上学风之盛，人才济济。南宋时期，由于朱熹、蔡元定等一大批学者荟萃于武夷山中讲学授徒，传承了以崇安文庙尊孔崇儒为核心的文化价值体系，南宋时武夷山的书院相继产生，形成一道以开拓武夷理学为主流的先河，如朱熹的老师刘子翚创办的五夫屏山书院，以及后来朱熹自己在武夷山九曲溪畔隐屏峰下创办的紫阳书院等。

历经千年沧桑，崇安文庙的旧制虽不复存在，但遗存下来的泮池、洙泗桥（状元桥）及明清以来刻立的名贤画像碑，重新修复的明伦堂和崇圣祠，现已列入武夷山市级文物保护单位。中华人民共和国成立后，崇安文庙就受到当地政府的保护。1959年崇安县人民委员会公布文庙为崇安县第一批文物保护单位，1961年福建省人民委员会以"闽北苏维埃第四次工农兵代表大会会址（1933年3月5日）"名义，公布为福建省第一批文物保护单位。后因"文革""破四旧"拆毁数处主体建筑，被取消了省保单位。2013年，4位国家级文保专家来到武夷山市对崇安文庙遗存进行鉴定，2014年武夷山市政府斥资300多万元，聘请了专业古建施工队，对文庙中的主体建筑崇圣祠和明伦堂进行修旧如旧的整体翻修，2015年8月这两处主体建筑基本修复，再现了崇安文庙的人文景观。

如今，崇安文庙已成为武夷山市民的一块精神高地，人们纷至沓来，在此举办国学讲坛，重温历代贤儒留在文庙里的哲理箴言。当我们徜徉在崇安文庙的高墙下，凭吊刻有"文庙"二字的城墙砖，敬仰之情油然而生。站在七十二阶的顶层，远望东方升起的太阳，触摸孤立高耸的石雕棂星门，仿佛胸中自有豪气来。"崇孔（子）儒、尚朱（子）理，尊乡贤，传国学"的良好风尚，已被日渐修复完善的崇安文庙所储纳，在这积淀了千年人文历史的文化资源空间里，传统文化生态也将得到全面的修复。

双溪文庙

双溪文庙位于宁德市屏南县双溪镇双溪村，清乾隆元年（1736年）建县之初始由知县沈钟倡建，乾隆、嘉庆、道光、光绪和民国年间共经历17次重修和扩建。最盛时期有大成殿、东西两庑、棂星门、泮池、崇圣祠、明伦堂、训导宅、名宦祠、乡贤祠、奎光阁等建筑群。现仅存泮池、大成门、大成殿、崇圣祠等中轴线建筑及东西两庑等。

双溪文庙坐北朝南，占地面积1562平方米，大成殿重檐歇山顶，面阔5间，进深7间，抬梁式木构架。2005年福建省人民政府公布为第六批省级文物保护单位。

古镇圣人家

禾 源

　　双溪镇被誉为古镇，一则因有历史年华，唐开基至今有千余年；二则有镇之建设的规模，东西南北四城门，进进出出说着城里城外。城外，北有北岩寺禅音阵阵，南有瑞光塔祥光熙熙。城内，有城隍庙、圣人殿、魁星楼、文昌阁等，还有亭台舞榭。三则双溪人勤耕不忘苦读，私塾、书院，让诗文走街串巷，时不时在一户平常人家的廊上檐下，举目便得"客去茶香留舌本，夜来诗文藏胸中"的联句，有古镇人的文化味。四则古街两边，店、坊、铺林立，可谓是商旅往来，货盈物阜，还有许多小楼，煮酒的煮酒，论茶的论茶，一片繁荣……叩响双溪小巷中的每一块青砖，都有历史的跫音，形以古见沧桑，而神以文化亘古不衰，安家的古镇圣人庙，又焕异彩。

屏南县双溪镇 / 朱庆福 摄

一

　　圣人庙亦称孔庙、文宣王庙、学宫、儒庙。这圣人庙就是供奉儒家集大成者孔子，以及他的得意门生颜回、曾参，孔子的孙子孔伋及孟子的地方。这四人又称为"四配"。有的还有十哲、七十二贤人。这里是膜拜孔圣人的主要地方，同时也是书院、学堂。记忆里殿堂住过北上抗日的新四军整编队伍，1999年还办过酒厂，后又废弃许久。但亘古遗风如根深扎，几度整修，如今风采依然。

二

　　孔子生于公元前 551 年，逝于公元前 479 年，活了七十三岁，上溯可说是启的后代。孔了父亲，叫叔梁纥，出生士族，先娶施氏，生有九女，为要一个儿子传宗接代，晚年又娶颜氏为妻。老夫少妻曾往尼山祷神求子，野合而孕，后生孔子。因而取名孔丘，字仲尼。

双溪文庙泮池 / 卓育兴 摄

　　孔子出生后不久，父亲便去世，母亲颜氏就带他来到当时鲁国的都城曲阜，住在阙里，生活非常的艰辛。孔子十几岁时，颜氏也去世了，从此便孤苦伶仃。此间有季氏飨士，孔子以士族身份参加，吃了闭门羹，只好返回。世态炎凉和人情冷暖，练就了孔子意志。孔子成年后"身长九尺六寸"，人呼其为长人，十九岁时便娶妻生子。孔子生逢乱世，礼崩乐坏，各种遭遇激起他满腔的救世热忱，但都一直不受重视，直至他三十岁，适逢齐师伐鲁，齐景公和晏婴来到鲁国后，拜访了孔子，他的学说才见称于世。虽如此，孔子并没有得到重用，只能游说于四方，私授学生。由于孔子学识渊博，成为最有影响的一家，于是被后世尊奉为"大成至圣先师""万世师表"。

　　孔子通过自己的言教和笃行表达了社会的良心，他的教化遍天下。后有贤人七十二、弟子三千之说。这是当时之言，现在若追根问源，中国的文化很大成分就

双溪文庙礼门/朱庆福 摄

是以孔子为核心的儒家文化。所以说古镇的晨烟晚炊都有圣庙的一缕青烟，晨读暮吟都有圣庙金声玉振之余音。

三

据《屏南县志》记载：屏南圣人庙于乾隆元年（1736年）由知县沈钟倡导组织创建，此后经历了十多次的重修、扩建，渐渐形成布局严整、规模宏大、设施齐全的文庙。

文庙主体建筑为大成殿，建于文庙中轴线上，坐北朝南，三楹两庑，重檐翘角歇山顶，雕梁画栋，装饰精美，雄伟壮丽，内塑孔子与四配、十哲像，并绘从祀诸贤于两庑。殿前为露台，台周环护以石栏杆，正前方与左右均有台阶，前方台阶中建丹墀，雕刻精致。台前为棂星门，上悬"与天地参"匾额。前为泮池，呈半月形，砌石成图案，中驾以石桥，池中栽莲花，希冀莲开并蒂，得中状元之瑞。池前为戟门，上悬"文庙"匾额。戟门前建"兴贤""育才"二石坊，坊前正中镌"高山仰止"，左曰"金声玉振"，右曰"江汉秋阳"；坊后正中曰"仰之弥高"，左曰"道冠古今"，右曰"德配天地"，均为道光十七年（1837年）训导凌翰所书。棂星门左建名宦祠，祀沈钟与凌翰，右建乡贤祠，祀张疆与章润。两庑前为碑廊，立乾隆至道光间所泐石碑。大成殿后建崇圣祠、明伦堂、训导署、奎光阁、尊经阁，并建祭器库、乐器库、省牲所、更衣亭、学仓、神厨等附属建筑。文庙周环红墙，正面有凌翰楷书"万仞宫墙"四字。虽说曾经的庄严与繁荣一度被毁，但谈起它，许多老人容光焕发，依然把这番景致描绘得栩栩如生。

目前保护尚好的只有"万仞宫墙"四字。得以修复的是棂星门和义路门及四周城墙；还有就是在城墙内大成殿前的泮池。泮池作半月形，南岸半圆，

双溪文庙屋檐一角 / 朱庆福 摄　　　　双溪文庙石构件 / 朱庆福 摄

双溪文庙藻井 / 朱庆福 摄

北岸平直，中间纵贯一座石桥，风格端庄，人行桥上，有举止雍容之感。明清科举制度规定，学童考进县学为新进学员，须入学宫拜谒孔子，叫作入泮或游泮。

入泮后跨过大成门，便是月台，在大成殿前面，泮池北面，是一高起一米许的台式石建筑，古为祭孔时跪拜或歌舞之地。月台东西砌有石阶，台面三向有石柱围栏，围栏上每个栏柱上都有精致的石雕，后在"文革"期间损毁，正南面是雕龙石丹陛，当时藏在一个村民家中的蟠龙石雕如今又安然入位，曾经学子独占鳌头的理想又重现在当下许多人心中。

月台后是圣人庙的主体建筑——大成殿，其建筑巍峨，飞檐翘角，重檐歇山顶。殿内藻井拱托，榫卯结构在这里留下经典之笔。孔圣人"万德尊严"气贯殿堂，在这里摸拍砥柱，瞻仰藻井，我们的感觉是"仰之弥高""德配天地"。除此庙内还有保存在碑廊的三块完整的碑记。

四

文庙经过整修，雄起了架势，虽说殿里荒草初刈，残碑断碣散落满地。然而我感觉到这里的衰败成了过去，而今是百废待兴，仿佛听到了"天将降大任于斯人也，必先苦其心志……"的名篇，看到孔圣人闻金声坐大堂，重调礼乐，看七十二贤人字正腔圆给屏邑学童讲授着孔子"志于道，据于德，依于人，游于艺，兴于诗，立于礼，成于乐"的思想，看到诸多学子在这里学着诗书礼乐，满堂是"之乎者也""仁义道德"。我看到的是文庙未来的希望。

圣庙旺，礼教昌，古镇文明；圣庙兴，人思进，古镇繁荣。"屏山古镇圣人庙，典章文物邹鲁风。"瞻仰古镇，敬拜圣人。

西昆孔氏家庙

西昆孔氏家庙位于宁德市福鼎市管阳镇西昆村，是福建省十大名祠之一。明洪武元年（1368年），孔子第五十五世孙孔克伴随师征战至福建阵亡，其侄孔子第五十六世孙孔希顺袭补福建建宁右卫总旗，屯兵定居于长溪柘洋里（今柘荣）。孔子第六十二世孙孔闻毅迁居福鼎西昆村。清顺治年间，以孔子第六十四世孙孔尚荣、孔尚志兄弟为首在西昆村建孔氏家庙。

目前，西昆村是孔子后裔在江南的主要聚居地，号称"江南孔裔第一村"。西昆孔氏家庙坐西向东，祠前方两座大山，左像公狮，右像母狮，中间一座小山像小狮，前人称为"三狮朝一祠"。家庙总面积1400平方米，砖木结构，硬山顶，穿斗式构架。门楼悬挂清乾隆皇帝御书"至圣裔"，庙前保存有清代旗杆夹石。自2006年开始，每年9月28日，西昆村孔氏家庙都会举行隆重的祭孔大典仪式。2013年福建省人民政府公布为第八批省级文物保护单位。

孔子遗韵在西昆

白荣敏

随着主祭人的一声"启户"，众多孔氏子孙按老幼尊卑次序每九人一排共九排组成方阵，在大殿的孔子雕像前排列整齐；主祭人的再一声"正冠肃立"，庄严肃穆的祭孔仪式开始了……大堂正中汉白玉孔子雕像前设香案和供桌，供桌上摆放丰富的祭品。主祭人、司仪站立在供桌的右侧。一番鞠躬作揖和致辞后，进行三献礼，此后是对孔子行五拜礼，一拜自强不息，二拜厚德载物，三拜精忠报国，四拜孝亲尊师，五拜共促大同。其间，主祭人诵读《孔子赞》，头人诵读祭文……

西昆村古民居门楼和旗杆石／白荣敏 摄

这是每年的 9 月 28 日，福鼎市管阳镇西昆村的祭孔仪式。这一天，是"至圣先师"孔子的诞辰。祭孔，是华夏民族为了尊崇与纪念孔子而举行的隆重祀典。可问题是，在闽东的一个相对僻静的村落，何以举行如此"正统"的祭孔大典？

西昆村位于太姥山西麓，距离管阳镇 7 千米、福鼎市区 30 千米。全村方圆 1.5 平方千米，基本以山地为主。目前已知西昆在隋唐时已经有人居住，在宋、元、明、清各时期均是福州、福安、霞浦、柘荣等地人民与中原往来的交通要道。现在村里 2000 余人口中，孔姓后裔达 860 余人，其余为张、陈等 26 姓，是一个名副其实的孔子后裔聚居村落，因此该村有"江南孔裔第一村"之称，亦被列为"福建省历史文化名村"，2018 年又入选"中国历史文化名村"。

西昆孔氏族人介绍，西昆整个地形呈九只狮子形状，当地有"三只明，三只现，三只看不见"的说法。"三只明"就是孔氏家庙前的那三只，晴天站在高处看，于孔庙前可见一只雄狮、一只母狮，另有一只在吃奶的幼狮。由于有九狮的说法，西昆最早称狮崐。民国时期，由当地一名拔贡改为现名。

西昆孔氏家庙外景 / 林昌峰 摄

西昆祭孔大典 / 白荣敏 摄

西昆孔氏宗谱记载，孔子第五十五世孙克伴公，为江苏镇江丹徒人，16 岁报壮丁，挑入汤和麾下，官升右卫总旗。明洪武元年（1368 年），征战福建，其间被敌军围困三天三夜，最终阵亡，录军功世袭右卫总旗。其侄孔希顺于洪武十三年（1380 年）袭补福建建宁右卫总旗，此后屯兵长溪柘洋里（今柘荣），并治水患，而家于东峰。又载："祖闻毅公，由霞浦东峰转迁福鼎刘（流）江，凡三迁，始奠定于西昆。"文字记载较为简略，而老人们从口口相传得来的细节就具体而生动一些：当年闻毅公曾由福宁府委派，在如今福鼎市的沙埕流江一带任职位很小的地方武官。由于他的四个讨海为生的兄弟均命丧海中，于是这个老五发誓不再与海打交道，遂迁至四面环山、水秀山清的西昆居住，并在此繁衍生息，逐渐成为当地望族。

祭孔大典在孔氏家庙里举行。

在孔氏家族中，宗祠没有被称为祠堂，而是称为家庙，峰峦拱翠之中，正对着西昆的最高峰狮子山。这座始建于清顺治十年（1653 年）的孔氏家庙至今巍然屹立，坐西北向东南，砖木结构，穿斗式，硬山顶，由大门、戏台、正厅组成。大门旁一对石狮子，再两旁为清光绪年间岁贡孔广敷所立旗杆石。跨进大门，昂首可见清乾隆皇帝钦赐的"至圣裔"金字牌匾。正厅是族内重大活动的主要地方，面阔 5 间，进深 4 间，雕刻精美。正堂神龛供有历代先祖木主牌，

左右两侧的神龛则供有孔家八个房头的木主，它们分别为：松房、竹房、梅房、柳房、平房、伯房、仲房、叔房。正堂梁间，悬挂有多块匾额，其中有清咸丰、光绪年间钦赐的"拔贡""文魁"匾。族人还出示一幅"孔子圣像图"，画像下面，有一段来自《礼记》的手抄文字，落款"孙文"，并盖有一枚四方篆刻印鉴，"大道之行也，天下为公"等字迹清晰可辨。家庙按例一年开三次，分别为农历三月三、七月十五和除夕，除此，凡孔姓家人有红白喜事，都可在家庙里举行，含有向老祖宗报告家族大小事务的意味。

孔氏家庙被列为福建省十大名祠之一，并理所当然地在 1989 年成为福鼎市首批文物保护单位。家庙内有戏台，顶呈八角形，藻井雕刻精美，与庙内部雀替等其他构件的雕刻一样，均非一般功夫。这种精美的雕刻也同样体现在那几座大厝里。

西昆村这些百年古厝与芳草为伴坐落在岁月深处，折射出孔子思想的灿烂光辉，令人回味。规模最为宏大的是建平村，由于山门前有一对旗杆石竖立，当地也称其"旗杆厝"，其占地 10 余亩，除老厝外还有宽阔的院子，围墙把大厝和院子围成一个小城堡。石墙南向辟一个城门，城门上方的门楣外侧有一竖匾，上书"建平村"三字，内侧则有一青石匾额，阴刻"乡环福地"四字。大厝为三进式建制，前厅正中悬挂"升恒合璧"牌匾，"嘉庆二十三年"的小字依稀可辨。屋内浮雕造型精致文雅，雕刻花鸟、人物、麒麟，形象逼真。

据介绍，建平村当年住的全是孔姓后裔。出于对圣人孔子的尊重，朝廷有条不成文的规矩，"抓丁不进建平村"，

西昆孔氏家庙古戏台 / 白荣敏 摄

于是后来有不少外姓人进住，以避祸害。据说后来"建平村"也就成了孔厝的一个代名词。

建平村为孔兴圭于乾隆年间首建，后分给三子孔毓晖定居，其长子和次子则分别分到了下新厝和上新厝。

下新厝现在被编为西昆村381号，是一座四合院式建筑，有外、内两重门墙，外、内墙门楼上分别雕镂"走必循墙"及"世笃二南"字样。

据考证，周代青铜器正考父鼎铭中有："一命而偻，再命而伛，三命而俯，循墙而走，亦莫余敢侮。饘于是，鬻于是，以糊余口。"意思是听一道命令就低头，两道命令就弯腰，三道命令就伏在地上，然后循着墙走，也就没有人再侮辱我了。稠粥靠这，稀粥也靠这，以此来养家糊口。正考父是孔子的先祖，他的儿子是孔父嘉，做过宋国大司马，孔姓即从他开始，孔子是孔父嘉的七世孙。晋代陆云《逸民箴》云："咎自专宠，福在循墙，是故保其安者常危，而忘其存者不亡。"恭顺谨慎，这是孔子的人生哲学。

《论语·阳货》篇载："子谓伯鱼曰：'女为《周南》《召南》矣乎？人而不为《周南》《召南》，其犹正墙面而立也与！'"《论语》两次记载孔子教导自己的儿子伯鱼学《诗》，此章为其一。《周南》《召南》为《诗经》的重要篇章，共25首诗，大部分反映的是社会基层人民的生活、思想、感情状况。孔子认为，一个人不学习《周南》《召南》，就好像对着墙壁站立。朱熹《论语集注》说："《周南》《召南》，《诗》首篇名，所言皆修身齐家之事。'正墙面而立'，言即其至近之地，而一物无所见，一步不可行。"我们可以推断，孔子强调的是，不学习《周南》《召南》，就不知道民间百姓的生活状况、思想感情，因而不可能全面透彻地了解周王朝德治、礼治情况和天下形势；而一个人如果不学习，不仿效，则在"修身齐家"方面缺乏参照，会产生严重问题，因而自然不可能扮演好社会人的角色。

"世笃二南"，从中我们不难体会西昆孔氏对孔子关于"二南"思想的深彻领悟与努力恪守。

上新厝坐西北朝东南，亦为四合院式构造，破坏较为严重。西向大门门楼雕镂"光前裕后"四字，让人强烈地感受到洋溢在孔家大厝的四周"为祖先增光，为后代造福"的守望和期待。

每逢举行祭孔大典，省内外宗亲代表、文人雅士云集西昆，真正是一次孔子文化的盛宴，孔裔宗亲也趁此聚会。世界孔子后裔联谊会会长孔德墉派代表参加了2006年的那次盛会，并在致辞中说："西昆村是至圣后裔文化遗产地，西昆的《孔氏家谱》已汇入到世界《孔子世家谱》中。"福州市孔子学会在发来的贺电中说："福鼎市是闽东北重镇，西昆祭孔，很有创见，足资借鉴，实堪循步，是弘扬孔学造福地方的一个里程碑。"

在西昆，治文重教是历代的家训。古时村里在族田中置办一块"书灯田"，田地收入专供老师和学生读书点油灯的油费。在这项措施的鼓励下，西昆村读书重教风气浓厚，学风严谨，人才辈出。自清乾隆到宣统年间，有贡生4名、廪生4名、太学生1名、国学生7名、庠生21名。即使到了现在，村里最重视的还是教育，村里每年都有好几个学生考上大学；由村两委组织发动，还创办了德成传统文化学校，与西昆小学形成互动，孩子们上小学前在该校接受启蒙教育，学习《弟子规》《三字经》等，从小接受儒家传统文化的熏陶。

> 孔子家庙《圣人经》弟子十愿
>
> 第一愿：诚心广志　　第二愿：聪明睿智
> 第三愿：三场得意　　第四愿：四书勤读
> 第五愿：五经博览　　第六愿：六艺皆通
> 第七愿：七篇雅作　　第八愿：金榜题名
> 第九愿：双亲福寿　　第十愿：天下太平

①正谊书院　　　⑨侯龙书院

②濂江书院　　　⑩普光书院

③文泉书院　　　⑪南溪书院

④霞东书院　　　⑫苹园书院

⑤云山书院　　　⑬兴贤书院

⑥南屏书院　　　⑭南浦书院

⑦石井书院　　　⑮魁龙书院

⑧龙山书院

正谊书院

正谊书院位于福州市鼓楼区东街口。清同治五年（1866 年），闽浙总督左宗棠为劝学养士，在黄巷创立正谊书局，其渊源可追溯至康熙年间鳌峰书院的"正谊堂"。"正谊"取自《汉书·董仲舒传》"正其谊不谋其利，明其道不计其功"句。后镇闽将军兼署闽浙总督英桂拨款购得骆舍铺（今东街 28 号一带）民屋并加以改建，将正谊书局移至今址。

沈葆桢、杨庆琛等人适于其时请建专教福州十郡举人、贡生的书院，英桂遂于同治六年（1867 年）裁撤书局，在此设立正谊书院。该书院是清代福州府城四大书院之一，清代福建省第一位状元林鸿年任书院首任山长达 19 年之久，培养了叶大焯、陈宝琛、林纾、陈衍、吴曾祺等一批英杰才俊。光绪二十八年（1902 年），与凤池书院合并，改办全闽大学堂。

正谊书院现存建筑坐北朝南，面阔 3 间，进深 6 间，硬山顶，占地面积 411 平方米。门额青石横匾镌刻的楷书"正谊书院"，是清代闽籍书法家郑世恭（曾任正谊书院山长）所书。2009 年，书院在原址重修，2015 年正式对外开放，常态性举办文化活动，打造优秀国学教育品牌。2013 年福建省人民政府公布为第八批省级文物保护单位。

左宗棠与福州正谊书院

邹挺超

1866 年的一天夜里，福州藏书家杨浚的家里，迎来了一位特殊的客人。

年少嗜书的杨浚，收求各种图书善本已经有年头了。上门的这位客人，也是冲着他的藏书来的。此前便已经托人来说，但他所找的那套书太少见了，杨浚自然不愿轻易出借。

然而想不到的是，这位客人却深夜便服到访，这可让杨浚犯难了。

他只能选择不见。到访的这位，正是闽浙总督左宗棠，不久前他刚刚追击太平军从广东回师福州。杨浚只不过个内阁中书，从七品的闲职，目下正告假在家，哪敢因为借书这点小事劳动赫赫功臣、封疆大吏亲自登门？

正谊书院大门 / 张勇 摄

第二天，他急忙跑去拜谒。谁知这位一等恪靖伯一点没有怪罪，反倒礼遇有加，还向杨浚表明，这套书自己确实找了很久，听说杨家有全套才请人去借，希望能整理校对重新刊印，不让前贤心血淹没，当然，重新校对的工作也希望杨浚能够主持。

或许是被左宗棠的执着打动，或许是被折节容下的气度所折服，杨浚慨然应允，担任这套《正谊堂全书》的总校。

正谊书院的序幕就此拉开。

一套丛书，30 年牵挂

左宗棠便服夜访的故事，出自郭白阳的《竹间续话》。郭白阳是与杨浚同时代的藏书家郭柏苍的后人，或许曾经听先辈说过这段故事。

故事的真伪姑且勿论，左宗棠对《正谊堂全书》的执着倒是真的。

汇编这套丛书的，是康熙年间任福建巡抚的张伯行。作为程朱理学的忠实信徒，张伯行极为重视通过书院讲学，"所至必兴书院，聚秀民，导以朱子之学"。在福建巡抚任上，他捐出俸禄，建设鳌峰书院，祀奉周敦颐、程颐、程颢、张载、朱熹等程朱理学代表人物，希望重申福建绵延久远的程朱道统。编刻"正谊堂"版理学丛书，也是为了这个宗旨。

"正谊堂"三个字来自鳌峰书院讲堂，"正谊"取义于《汉书·董仲舒传》"正其谊不谋其利，明其道不计其功"。朱熹十分推崇这两句话，曾将其收入白鹿洞书院学规中，作为"处事之要"教导学生。

张伯行原刻的丛书共收著作 55 种，基本汇集了宋明至清初程朱理学名著。

左宗棠少贫嗜学，他记忆最深的，就是在家塾中见到陈宏谋在湖南刊行的四书大字本及《五种遗规》，以及在朋友处所见张伯行汇刻的《正谊堂全书》

残缺本。张、陈都是理学名臣，所任职的地方都有传下书籍，这让他钦佩不已，认为这是"先正之流风"，体现了二人"为斯世斯民谋者"无不周。

他后来在给杨浚的信里回顾说，道光十三年（1833年），自己在朋友那里见到"正谊堂"版的理学著作十几种，其中所收录的清康熙间著名理学家陆陇其的《读朱随笔》，他还曾抄录给恩师贺熙龄及其兄贺长龄看，贺长龄认为这是"绝学孤本"，叮嘱他收集全套正谊堂刻本，可惜当时没有找到。听说张伯行担任江苏巡抚时将版片带去，他到江苏时，也曾到书店找过，也没找到。

同治五年（1866年）的福建，真可谓是百废待兴，财政入不敷出、盐政弊端、吏治、土匪等，件件都让左宗棠头痛不已。尽管如此，他还是抽出精力搜集"正谊堂"版书籍，可惜的是，鳌峰书院所藏的版片已经"蠹蚀无存"。

左宗棠一生推崇程朱理学为代表的宋学，对于乾嘉以来过分注重训诂考据的学风颇有微词，主张"箴汉学之膏肓，而一以朱子为归"，认为纠正这种毛病，需要以朱子之学作为依归。在朱子学的"大本营"福建任官，自然是他弘扬以朱子为代表的闽学的大好时机。

重新整理、刊印"正谊堂"版丛书的想法，由此而生。

这一年他给老部下、时任浙江布政使杨昌濬写信，提到自己在福建做的事，除了"疏请造轮船、制福炮"，"开蚕棉之馆"，就是"设正谊书局，以续闽学之绪"。可见，在他心目中，这是除了船政、民生之外的另一件大事。

绍继闽学，体贴寒士

同治五年六月初四（1866年7月15日），正谊书局正式在福州新美里（今福州南后街黄巷）开张。

左宗棠创设书局，不只是为了校对、刊刻前辈编纂的丛书，更希望在福建士子之间形成一种读书钻研的风气，实现他"续闽学之绪"的宗旨。这也正与当年张伯行创设鳌峰书院、刊刻理学书籍的宗旨吻合。

他在《创设正谊堂书局告示》中特别提到当年张伯行在福建的时候"讲明正学，闽学大兴"的事迹，表彰张伯行汇刻丛书"扫异学之氛雾，入宋儒之堂奥"，希望丛书重刻完成后，能放到各府县书院，让"吾闽人士得以日对儒先商量旧学"，他还期待自己公事之暇，能来书局和"同志之士"共同探讨。

左宗棠还专门撰写了《正谊书局章程》，规定书局延聘总校一人，并派提调（相当于监督）一人，还要"考取分校百人"，其中再挑十位作为"覆校"。

清代读书人真正做官发迹其实并不简单，尤其是一些寒门子弟，就算考中举人也未必有官做。左宗棠素来以"寒儒"自许，自然要为寒士考虑。参与校对的举人、贡生，每月能拿到五两白银的"膏火"，维持家计压力大大减轻。所谓的"膏火"，是旧时书院的常例，"膏"就是灯油，"火"是灯火，照字面解释就是读书人夜读辛苦，给点灯油费补贴一下，相当于今天的奖助学金。正谊书局一年的膏火从二月发到十一月，因为开局是在六月，所以先发五、六两个月，二、三、四月等到年终补发，算是体贴寒士，帮助他们过个好年。

当然，工资也不是那么好拿的。覆校、分校每天必须到局值日，"日读二十页，校一千字"，才算合格。考虑实际情况，如果有年纪比较大、精力不足的，可以斟酌再定量。当然，如果有人才力过人，工作量只增不减，并且记勤一次。如果值日没到，那就要记惰一次，而且勤惰不能相抵，记惰十次就"出局"，如果不到还找人顶替的，即日出局。在书局混日子白拿膏火显然是不行的。

左宗棠在章程中还特别提到，"举贡等束身名教，当知自爱。如有饮博流荡，沾染恶习，结交非人者，出局。尤不得出入衙门，干预公事"。值日之外，在家每天还要读书写日记，写自己今天读了什么，月底抄正交到书局，"以端品学"。

根据全书总目所列的"校对姓氏"，实际参与重校的以闽县、侯官两县

正谊书院丁酉年开笔礼活动 / 福建省图书馆供图

正谊书院扇面绘制体验活动 / 福建省图书馆供图

的举人为主，也有部分贡生，人数不止百人。后来曾主讲正谊书院的叶大焯、担任京师大学堂总监督的张亨嘉都列名覆校之中，可见当时校刊工作网罗了不少福州本土人才。

《正谊堂全书》的重校，担任总校的杨浚居功甚伟。从杨浚所撰写的《〈正谊堂全书〉跋》来看，张伯行所刻原书散佚严重，就连藏书丰富的他家里也未必真有"完帙"。张氏所汇刻的这套丛书，很可能只是陆续刊刻，并没有完整汇集。更糟糕的是，就连鳌峰书院院藏书目也不将这套书归在一起，而是分列经史子集之中，完全失去了张伯行编定此书的原意，书目中旁注的"正谊堂版"字样又往往脱略，给推断原貌的工作又加了不少难题。

在杨浚主持下，书局着实下了不少功夫。他们根据张伯行文集中所收的各篇序言，按照他所订立的立德、立功、立言、气节、名儒粹语、名儒文集等分门别类，历时九个月，总算大致恢复了丛书旧貌。

书局的新出路

遗憾的是，左宗棠并没有等到全书校成便离开了福州。同治五年八月十七日（1866 年 9 月 25 日），他受命调任陕甘总督，十一月便正式离闽。受他赏识的杨浚不久后也入其幕府，前往西北，此后负责总校工作的是举人林祚曾。

即将离任前夕，他又写信给老部下杨昌濬，总结自己治闽"六要"，其中又特别提到"开正谊书局为养士劝学之要"。

临行之前，书局同学诸子请左宗棠题一副对联，他欣然命笔，题曰："青眼高歌，异日应多天下士；华阴回首，当年共读古人书。"上联用的是杜甫《短歌行·赠王郎司直》"青眼高歌望吾子"诗意，寄托了对后辈成才的期望，下

正谊书院《枫落寒江》剧本分享会 / 福建省图书馆 供图

正谊书院《清凉歌集》南音雅艺音乐会 / 福建省图书馆 供图

联中的"华阴回首",似乎是概括宋代寇准《咏华山》"举头红日近,回首白云低",表达对后辈将来即便身居高位也不要忘记曾经共读古人书的期许。这副对联后来便挂在正谊书院正厅。

尽管身在西北战场,左宗棠依然牵挂《正谊堂全书》,在全书总目中收录有他给杨浚的一封信,写于同治七年(1868年)六月初八。这封信追溯了自己与《正谊堂全书》的渊源,并说书已刊成,自己"急欲一见",拜托杨浚给他弄一部来。

正谊书局的开办,本来是为校对、刊刻全书,书若刻成,理当撤掉。不过,在这之前,林则徐的好友、乡绅杨庆琛,以及受左宗棠推荐出任船政大臣的沈葆桢,就已经为它找好了出路。同治五年(1866年)底,就在左宗棠赴陕甘不久,他们就向镇闽将军兼署闽浙总督英桂建议,将正谊书局改为书院。英桂拨款在福州东街骆舍铺买下民房,加以修建,正谊书院就此登场。

在当时的福州,已经有两所全省性的书院,一家就是鳌峰书院,另一家则是嘉庆间兴建的凤池书院。这两家都以招收监生、生员、童生为主。

作为后起的书院,正谊书院延续了书局特色,招生主要面向举人,当然贡生也可入学。当时书院基本以应试教育为主,监生、生员、童生在书院学习,是为参加乡试中举做准备。举人虽然算是踏进做官的门槛,但在仕途上往往止步于中低层,像左宗棠这样以举人身份因军功而成封疆大吏、封侯拜相的,算是特例。对于举人们来说,帮助他们通过会试、殿试,出人头地,才是最大的需求。正谊书院正好满足了这样的需求。

书院的应试教育

正谊书院与鳌峰书院、凤池书院以及后来成立的致用书院并称为清代福州四大书院，其组织管理也多半参照当时的书院体系。在书院成立当年，专门制定发布了《宪定正谊书院章程》，对书院的管理和经费等事项做了详细的规定。

书院最主要的负责人就是山长，相当于校长，其下有监院，相当于教务主任。正谊书院首任山长是曾任云南巡抚的林鸿年，他在书院主讲 19 年。有些资料上说，他常以"状元"二字梗于胸中，睥睨一切。其实他有理由骄傲，因为有清一代，福建才三个状元，他是第一个。

作为省会书院，学生来源应当不止一地。由于福州和琉球贸易往来密切，当时书院还有琉球学生，其中一位林士功还曾赠与山长林鸿年一本诗集《琉球诗录》，林鸿年早年曾出使琉球，想必是因此而有渊源。

书院的入学考试相当严格。每年二月上旬开考，由总督、巡抚监考，考生集中在贡院作答，不许离开考场，一天内交卷。试题也基本上是制艺（八股文）、试帖诗等。

经过考试，录取内课 50 名、外课 50 名、附课 100 名。每年三月二日开课，十二月二日散学。

书院照例要给学生膏火。正谊书院给内课生的膏火是每人每月四两白银，外课生每人每月三两，附课生一律不给。其实这也是给那些优秀的寒门子弟一些生活出路，让他们能安心读书。不过也有钻空子冲着这笔膏火来的。《福建省志·教育志》上提到，当时福州有批人叫"卖卷蒂"，专门化名参与各个书院入学考试，或请八股文能手替考，录取后，自己占一个名额，其他名额就转卖出去。因此，当时书院章程多有严防考试作弊、冒领膏火、顶替除名等规定，正谊书院也不例外。

学生们的奖助学金当然也不是白拿的，功课还是要认真学。曾经主讲正谊书院的叶大焯在光绪年间编了一本《正谊书院课艺》，收录了书院学生的作业，从中可以看出，他们的功课基本还是以八股文、策论、律赋、试帖诗等为主。

书院每个月要考试两次。一次在初二，是师课，由山长主持；一次在十六，是官课，一般由地方官主持。考课的内容也是八股文、试帖诗，不过，师课会加考一些内容，比如古学、经解、律赋或策论，这些是会试第二、三场的主要内容。考课的试卷基本按照会试、殿试的成例，等于是考进士的"模拟考"。

两课决定了内、外、附课的升降：一课列后五名就要扣一半膏火；两次列后五名、三次列后十名的就会被降等，附课如果有这种情况直接除名。官课、师课前十名都有奖励。而那些没有被录取的考生也可以参加官课，两次前五名或三次前十名的将作为附课生入院学习。

从书院的章程看，书院每年开销达5300多两，遇闰年还要增加400多两。其中最主要的就是学生膏火（一年3500两），其次就是山长的"工资"。

山长直接决定书院教学质量，因此，书院不惜重金延请，光是修金就一年600两，加上膳金（伙食）、年节两敬、生辰寿礼银等，以及随时添置各项杂物、往来盘缠、山长父母的生辰寿礼等，一年花在山长身上的钱超过800两，比监院及其他各项杂役的工资总和还要多。

至于书院的经费，主要来自官费。《福建省志·教育志》中还提到，同治六年（1867年），闽浙总督英桂准在厘金项下拨银5万两交给商户以1分1厘放贷，维持正谊书院运转。这样算下来，每年也有5000多两，应当够各项开支。

错失的历史机遇能否拾回？

光绪十一年七月二十七日（1885年9月5日），由于中法战争被委派来主持海防的左宗棠在福州溘然长逝。

这一年九月十二日的《申报》专门报道了左宗棠灵车在福州起行的情况，其中特别提到"绅士及正谊书院肄业生皆在南台中亭路祭"。

几十年后，福州人何刚德在他的《客座偶谈》中两次提到正谊书院，将其作为左宗棠对福建文教的一大贡献，并评论说：大乱之后，就投入"修明文事"，元老明达事理、施展方略，魄力之大，"洵不可及"。

不过，从旨在传承、光大闽学的正谊书局，到作为应试教育基地的正谊书院，这样的结果，对汲汲功名从来都持批判态度的左宗棠不知会否苦笑？

光绪五年（1879年），陈宝琛主考甘肃乡试，首场以"君子人欤，君子人也"二句命题。左宗棠在给甘肃布政使崇保的信中对试题十分赞赏："头场试题均极正大，实义虚神，足觇学养所到。"根据陈宝琛的妹夫高向瀛为陈家所藏左宗棠手札写的跋文，这就是左宗棠任闽浙总督时"以课正谊书院举贡者"，陈宝琛当时也"与试得首列"。此时左宗棠任陕甘总督，"因试斯题，固有用意"。

陈宝琛出身福州螺洲书香门第，后来的末代帝师。他是同治四年（1865年）举人，同治七年（1868年）才赴京会试，左宗棠任闽浙总督期间，他很可能在福州。高向瀛所言或有所本。

不过，陈宝琛并不在《正谊堂全书》重校姓氏名录上，如果这条材料可信，或许可以推断，左宗棠曾在正谊书局举行过考课，而所考课的对象或不限于参与校对的举贡。这已经很类似于书院了。

同治十年（1871年），翁同龢的哥哥翁同爵检关中书院"七经"旧版，重新印发各府州县书院，左宗棠在批札中提到任闽浙总督期间寻访"正谊堂"版书籍的事情，并说自己"乃立正谊书院，亲课诸生，校刊凡百数十卷"。当然，此时正谊书院已经成立，左宗棠可能只是顺口称为"书院"而已，有趣的倒是这里所提到的"亲课诸生"一语，可以与高向瀛所言相互印证。

不妨大胆地推想一下，如果左宗棠不是那么快离任，会不会自己就将正谊书局改成书院呢？再进一步，如果由左宗棠亲自主持，正谊书院会不会像阮元创办的学海堂、张之洞创办的尊经书院那样别具一格呢？

不过，历史容不得推想。正谊书院终究没有像左宗棠在福州所倡议设立的船政学堂那样在中国近代历史上大放异彩。

1902 年，在左宗棠去世之后十多年，凤池、正谊两家书院合并，成立了福州第一所公立新型学堂——"全闽大学堂"。合并之议，出自叶大焯之子叶在琦，他也是学堂的首任监督。

当时的中国，革新传统教育、将各省学院改为新式学堂的呼声越来越大。出身教育世家的叶在琦的倡议，正是顺应了时势。

1905 年，随着科举制的废除，正谊书院自然也停办了。

1913 年，福建图书馆迁入正谊书院旧址。

历经百余年风雨沧桑，2009 年，正谊书院在原址重修，并于 2013 年被福建省人民政府公布为省级文物保护单位。

2015 年 1 月 25 日，正谊书院重新开院。全新亮相的正谊书院，依托福建省图书馆丰富的馆藏资源，以"文化·传统·经典"为内容定位，成为普及国学、弘扬优秀传统文化的课堂，以及高端研讨、学术引领的重要平台。

弘扬传统文化，引领学术研讨，振兴闽派文化，或许这才更符合 150 年前左宗棠开正谊书局时"续闽学之绪"的宗旨。

青眼高歌，望吾子于目下；

华阴回首，念前贤在心间。

濂江书院

濂江书院，又称文昌宫，位于福州市仓山区城门镇濂江村，相传朱熹曾在此讲学，并题有"文明气象"四字。后人在书院右侧建朱子祠，祭祀朱熹。

现存书院主体为清代建筑，占地面积764平方米，坐南向北，穿斗式木构架，单檐歇山顶。二层小楼，名为文昌阁，原祀文昌帝君，寄望本地能文运兴盛、文风不辍。院前有楷书"文光射斗　濂水龙腾"石质横屏。

从明代林氏"七科八进士，三朝五尚书"开始，再到清代榜眼林枝春，濂江书院走出了18位进士，秀才几十人。废除科举考试后，濂江书院设为第四区公立第三高小国民学校、林森县四维乡中心小学、林浦小学等。2001年福州市人民政府公布为第五批市级文物保护单位。

濂水龙腾　翰苑连芳

彭慧平

福州古称"海滨邹鲁"，也即文化教育之都，城内城外书院林立。据史料记载，福州古代书院有数十个，至今保存最完好的是濂江书院。濂江书院始建于唐朝末年，迄今已有一千多年历史，且办学从未间断（福州市林浦小学曾设址于此）。这更显濂江书院这座千年历史古书院的价值。保护与发展让它在新的时代熠熠生辉。

濂江书院是一座二层小楼，属于福州市级文物保护单位，位于福州市仓山区城门镇林浦村的濂江自然村。林浦村是福建省级历史文化名村，濂江书院是林浦历史文化名村的重要文物景点之一。

濂江书院照壁 / 王立涵 摄

　　林浦村位于福州市南台岛东北部，北面隔着闽江，与鼓山对望，南面横卧着九曲山（当地村民习惯称狮头山），与五虎山相对。林浦村村前是闽江支流濂水河，濂水河把整座村庄环抱，使村庄颇具江南水乡景色。林浦村地处闽江下游，水路交通方便，上与省城相邻，下达长乐、连江诸县。唐宋年间，这里已经是福州水产品的主要集散地。经济发展了，老百姓生活得到改善，文化教育的需求也相应增加，原来的私塾规模太小，已无法满足人们的现实需要，濂江书院就在这种经济发展的大环境下应运而生。它位于闽江岸边一座叫平山的小山岗上，始建于唐代建中四年（783 年），原为鼓山涌泉寺廨院，后改为书院，宋代正名濂江书院。濂江书院面积不大，坐落于村子中心，是栋双层楼阁，为杉木单檐歇山顶构造，独具匠心的建筑形制，尽显古朴、庄重之感。这里曾是儒学集大成的名家朱熹和他的学生们的讲学之地。正是因为这样，濂江书院有了历史的厚重感。

　　朱熹（1130—1200 年），字元晦，号晦庵、晦翁、云谷山人、沧洲病叟等，

濂江书院文昌阁 / 欧阳兆华 摄

别号紫阳，又称考亭，世称朱文公，祖籍徽州府婺源县，出生于南剑州尤溪，即现在福建省尤溪县。朱熹是宋朝著名的理学家、思想家、哲学家、教育家、诗人，闽学的代表人物，儒学集大成者，世人尊称为朱子。朱熹功绩卓越，非孔子亲传弟子而享祀孔庙，位列大成殿十二哲者中。朱熹为官，当过江西南康知军、福建漳州知州、浙东巡抚，为官清正，曾经为宋宁宗皇帝讲学，但并没有得到皇帝的特别认可。朱熹于"避伪学禁"期间，到福州亲自创办或协办福州紫阳讲堂、福州竹林书院、福州贤场书院、福州高峰书院、福州濂江书院、亭江龙津书院、长乐龙峰书院、罗源文公书院、闽县吟翠书院、连江丹

濂江书院内景 / 王光华 摄

阳书院、闽清梅溪书院等，足见其对于教育的重视。朱熹在濂江书院的讲学带来了改变，也留下了不少印迹。

走进濂江书院，映入眼帘的便是门口照壁上刻的"濂江书院"四个大字，进门后在庭院中央看到一个大石臼，刻书"知鱼乐"，原是洗笔处，表达了当时学子们的快乐心情，那是内心强烈的求知欲望得到了满足，是一种精神的升华。大石臼前石栏杆正面刻有"文光射斗"，背面刻有"濂水龙腾"，八个楷

濂江书院二层长廊／王立涵 摄

书大字，书法苍劲、刻工精致，展现了当年师生们勤耕好学之景象。大厅前庭院两侧矮墙装饰古典花格，墙边各有小花圃，种有桂花、茶花、侧柏、月季、兰花，环境幽雅静谧。

濂江书院掩映在苍茫的古木之中，就像一位长者，历经了物换星移，风雨侵袭，仍旧睿智、慈祥地诉说着历史沧桑。数百年前，朱熹及其弟子黄榦等均在此讲学，其内的"文昌阁"，即是朱熹讲学处。文昌阁面阔 3 间，是封火墙木结构的两层楼宇，飞檐翘角，古朴幽静。

文昌阁共有两层，一层是学生书斋，斋内供奉朱熹画像，画像两边写着"立修齐志""为邦家光"，厅内摆设古时师生的书桌、文房四宝等。门前上方悬挂一面"文明气象"匾额，白底黑字，这是当年朱熹题的字。大门两侧对联为"三台平步上，百尺举头高"。

从一层大厅左右走廊可上二层，向左迎来别有洞天的假山花圃。一株粗壮丹桂，已经有约 700 多年历史；一丛翠竹，可见竹身呈黄色，竹叶润泽呈翠绿色，生机勃勃，幽兰与沿阶小草交错丛生。

登上十五级石台阶，是朱子厅（村民们历来的尊称），这里就是宋代理学家朱熹与弟子黄榦讲学的具体位置，清初学者朱柏庐先生也在此讲学过。楼内后壁竖有一巨碑，上刻"宋朱熹讲学处"，石碑上最后几个字是"朱熹亲临讲学"。朱熹讲学的教室不算太大，二三十平方的大小，可容纳十余人，算是小班教学。

朱熹当时侨寓建阳，云游福建各地，讲学论道，著书立说。其间，朱熹及其弟子来濂江书院讲学，对这里的学子给予了很高评价，题词"文明气象"即是赞扬师生们。朱子的思想品德在此留下了深远的影响，自此濂水龙腾贤人辈出。各个地方的学生慕名而来，好学之风气日盛，民智大开，濂江书院极大地促进了当地教育的发展。明朝中叶，林浦林氏一家以"七科八进士，三代五尚书"而名扬八闽、彪炳史册就是最好的证明。

朱子厅背面有厢房，是导师批阅处。厢房前小庭院边有半洞门通往文昌阁的后花园，走廊迂回，廊墙镂刻古朴窗花格，走廊上面覆盖斗拱屋顶。花圃中有嶙峋怪状的假山，有石椅石桌，有石榴树、梧桐树、紫枫叶树、木瓜树和簇丛的细翠竹，还有幽兰、玫瑰、菊花、海棠花等，生机盎然，实乃休闲美境，其乐无穷。后花园东侧有一座独立楼宇，是导师休憩寓所。据村里人说原系两层封火墙房屋，二层被毁，只留下底层和方形回廊。

濂江书院学生书斋国学课／仓山新闻中心 供图

由朱子厅边再登上五级石台阶，就是文昌阁主楼二层大厅，摆放着林氏家族流传的四正家训，透露出林浦千年历史文化的气息。前厅是讲学授课的场所，厅前横额高悬"文昌阁"牌匾。后厅排列文昌魁星等塑像：文昌公，文质彬彬，儒雅注视手中书卷，端坐后面；魁星，赤眉红发紫脸，怒目圆睁，一手托一方斗，一手握笔，凝视前方。大厅祈奉的文昌帝君和北斗魁星，与庭院的"文光射斗"融为一体。

书院左边有通道，通向一片广阔的山坡地，在茂密的树林中间，分别坐落着红砖白砖的教室，那是与濂江书院一脉相承的林浦小学。濂江书院自建立到如今从未停过课，总是书声琅琅。

书院里有假山，有水池，池中有鱼，当年的读书人同样懂得劳逸结合。在修身养性的环境中，培养良好的思想与品德，读好书，写好字，做好事。书院里有些石刻的字我认不全或不解其义，历史毕竟是历史，年代久远，需要更专业的文化与教育去全面地传承文明。

濂江书院，对于福州乃至整个福建，在文化与教育层面是无论如何都跳不过去的一页。它为林浦村带来"七科八进士，三代五尚书"的传奇足以名垂青史。朱熹，一代理学大师，通过传学授道，影响和发展文化与教育，深深地留痕八闽大地，也给濂江书院的历史印记中留下了骄傲与荣光。

文泉书院

崇文学堂

文泉书院位于福州市闽清县坂东镇新壶村，其前身为崇文书院（初称崇文学堂），由宏琳厝始祖黄作宾于1783年至1815年创办，书院面积386平方米，是当时闽清县最大的私办书院。

清内阁大学士陈宝琛曾前往闽清参观崇文书院，应邀为书院题跋，并建议崇文书院"有美玉于斯，韫椟而藏诸，何若举一隅而益全邑，克明峻德"，希望崇文书院扩大招生，化私为公，造福社会。光绪十五年（1889年），宏琳厝黄曾谋等人主张："为族养士，不若为乡养士；为一乡养士，不若为一邑养士。"时闽清知县胡庆荣闻之，捐俸倡建，各乡应之，把崇文书院拓而新之，更名为文泉书院。陈宝琛特书"文泉书院"相赠，文泉书院刻字于石，立诸校门。碑刻尚在，且保存完好。

书院历任山长有苏人谷、庄鼎元、赵以成、林师望、李骏斌、唐瀚波等名士。1914年文泉书院改制为"闽清私立文泉中学"，1918年改为"福建闽清公立中学校"。1949年后，曾改名闽清中学，目前书院位于闽清二中内。1992年闽清县人民政府公布为县级文物保护单位。

书香大地　文泉书院

绯　雨

清明时雨，万物迎春，春暖花开的大地一派生机勃勃的景象，坐落于闽清县坂东镇新壶村的文泉书院也迎来不少慕名前来参观的游客，而我也又一次站在这座年代久远、充满文儒气息的历史遗址前举目瞻仰，心生感叹。

朱墙黛瓦，青石铺底，在眼前描绘出一段关于闽清文教历史的悠长记忆。清幽村落间，这座书院显得格外醒目，古树盘根，花香相衬，浸润芬芳，令人不禁神往。

书院，在中国已有一千余年的历史，曾经集教学、藏书、祭祀于一体，是古代社会研习教育学术、传播知识与实施文教的机构，而今多已尘封在历史

文泉书院正门／林武旺 摄

221

长河之中。尽管如此，眼前的文泉书院的古朴建筑依然给人一种庄严幽远的厚重感，如今像这样保存完整的，并且能与当地教育事业相结合，传承古代教育文化的书院已经不多见了。

书院这个称谓，最早出现在唐代，但实际上，学院的真正发展，是在宋代才开始的。

最开始，书院就是为了让当地的富家以及名门望族的子弟上学便利而创建的民办学堂。根据历史上的记载，江西庐山的白鹿洞书院、湖南长沙的岳麓书院、河南商丘的应天书院、湖南衡阳石鼓山的石鼓书院等，都是当时非常有名的民办书院。

随着民办书院犹如雨后春笋般地涌出，拥有才华的文人大量涌现，朝廷也开始重视书院在推广文化教育上的作用。

于是，朝廷有意识地开始参与民办书院的建立，并且加以管制，随着时间的推移，书院的民办性质开始逐渐变成了半民半官的性质。

一直到了宋仁宗庆历年间，官学兴办，各地州府开始大力地推广文化教育，而地方书院也受到了冲击，慢慢地，地方书院开始与官学合并，开始走向了衰落。

文泉书院陈宝琛题字石刻 / 林武旺 摄

文泉书院屋脊／林武旺 摄

但到了清雍正年间，书院因为朝廷的明政，再次兴盛，从此书院也不再分为官办民办，统一由地方上的官府机构监督。

不过，庚子新政后，全国书院进行了改制，新式学堂的创立，让曾经鼎盛一时培育出无数文人墨客的书院制度彻底淹没于历史长河中。

文泉书院的前身便是一座民办学堂，名为"崇文学堂"，建立于1783年，由宏琳厝的黄作宾所创建。

了解这文泉书院的历史由来，或许会觉得这只不过是一座普通的地方民办书院，但这座书院所承载的历史记忆，却远远没有那么简单。

被雨水所冲刷成灰白色的瓦片，缝隙间若隐若现的青苔，青石基底上朱红色的斑驳外墙，两人宽的拱形石门，看起来是那么的普通，这就是文泉书院给人的第一个印象，但却无法掩饰它所孕育的那种独特的文儒气息。

石门之上，一块青石横匾，写着"文泉书院"四个苍劲工整的大字，这四字为清内阁大学士、清宣统帝师陈宝琛所书。

说起陈宝琛与文泉书院的渊源，其中有一段颇为激励后人的佳话。

陈宝琛，福建闽县人，书法家，清同治戊辰七年（1868年）进士，官太保、宣统太傅，后因战事指挥不利，被革职遣回原籍闽县。

因为他十分注重教育，所以回闽后，就置身于当地的教育事业，为当地培育出诸多优秀的人才。

后来，他听闻闽清崇文学堂的兴办，便特地前往参观，提出了一些宝贵的意见并寄予厚望。

而他的意见也得到当地人的重视，之后在闽清知县胡庆荣以及周边乡群的支持下，筹款扩建崇文学堂。

崇文学堂扩建后，便改名为文泉书院。

陈宝琛得知此事后，十分欣慰，亲手书写"文泉书院"四字，命人送往文泉书院。

而文泉书院方得陈宝琛赐字，如获珍宝，立刻让石匠将其刻于青石横匾以及一块石碑之上，成为这段佳话的历史见证。

穿过石门，踏上台阶，扑面而来的徐徐凉风，令人清爽之余，也让人眼前豁然一亮。

整座书院以泥墙木架的古建筑为主，位于风光秀丽、碧水青山的山麓之间。

文泉书院外景 / 林武旺 摄

如此僻静清幽、不知人间烟火的环境，又一次让我感叹古人求学研教的执着与坚持。

值得一提的是，文泉书院也曾经是闽清县最大的民办书院。

在书院右侧有座依山而建的三层木质结构的建筑，名曰"文昌宫"，祭奉着文昌帝君。

沿着长廊继续前行，将眼前的美景尽收眼底，白墙木窗，翠竹幽幽，石阶层层，苍松高拔。

忽的，一股莫名的幽香扑鼻而来，我不由寻香四顾，看过一草一树、一砖一瓦，却不知香气从何而来。

此时，一个孩童闯入我的视线，站着旁侧学舍的一扇木窗前，充满好奇地透窗而望，然后，奶声奶气朗诵了一句诗词："从此静窗闻细韵，琴声长伴读书人。"

于是，我顿然醒悟，这所谓的香，不是来自花草幽香，而是从这沉浸于诗词歌赋、文韬才横的学舍之中溢出的书香。

这书香就弥漫在文泉书院的空气之中，让置身其中的游人，不由自主地沉浸，用心灵品味书香中所蕴藏的文化精髓。

虽然书院的兴衰已经在历史长河之中停格，但文泉书院的历史却依然还在延续。在辛亥革命胜利后，文泉书院便改名为文泉中学，成为古代教育与现代教育传承的见证。

在 1917 年，文泉中学改为公办。1921 年，文泉中学再次扩建校园。1949年后，文泉中学曾改名为闽清二中，但之后又恢复为文泉中学。

根据文史资料的记载，像崇文学堂、文泉书院、文泉中学，聚集古近现三代为一体的文化遗址，目前发现的仅此一所。

不仅如此，还能够保存下从崇文学堂到文泉书院如此完整的建筑群落，可以说，十分难能可贵。

这不仅仅是一段文化教育发展的历史缩影，也是积淀了两百多年的文化传承。

除此之外，文泉书院一直保持着积极的学术研究，曾经一些十分著名的著作，都是在文泉书院完稿的。

驻足于书院之中，雨过天晴的阳光穿过苍树浓密的枝叶间透下，勾勒出一些奇幻的斑驳树影，好似有一位身穿长袍、手持书卷的古人，正倚树吟诗，悠然自得。

沉迷于这历史的书香之中，仿佛时光又回到那遥远的崇文学堂，耳旁响起琅琅而充满童稚的读书声。

"子曰：'学而时习之，不亦说乎？有朋自远方来，不亦乐乎？人不知而不愠，不亦君子乎？'"

这座书院沉浸了两百多年的书香，似乎每呼吸一口空气，都会有种心怀坦荡，想吟诗作赋，想恃才而骄之感。

回过神，这读书声也随之沉寂，但书香依旧。

任凭两百多年的沧海桑田、风霜雨雪，仍挥不散这已经沉浸于一砖一瓦、一花一树的书香，这蕴含着历史的香味，只会随着时间越加浓醇，香意盎然。

我不由心中怅然，这看似平凡的书院，却能够让人穿梭于历史的时光之中，回望过去，仿佛曾经在这里所发生的一切，都历历在目。

这或许就是历史所留存在这书院之中的魅力，让人禁不住想要去探求，追寻先人的足迹。

继续漫步在书院之中，平复内心的波澜，呼吸着空气中四溢的书香，沉醉于历史的记忆……

直到天色渐暗，我才依依不舍漫步而返，时不时还停下脚步回望，追忆历史，凝神深吸，品茗书香。

追溯崇文学堂、文泉书院和文泉中学的历史，不难看出，我们中华文化的传承与延续并没有随着时间的推移、沧海桑田的变迁而停滞过，在漫长的历史长河中，我们中华子民都是以不同的方式追求博大精深的中华文化，渴求学之不尽的知识。

崇文学堂在文化教育地位上的演变，这一过程便是中华文化历史的见证与缩影，它激励着后人珍惜和继承中华文明遗产、弘扬中华文化的优秀传统，有着重要的历史意义和深远的现实意义。

学堂与书院的创立以及现今的遗迹存留，在中国文化教育的历史上，都有着不可磨灭的价值与作用，乃是如今中国文化教育事业不断完善与推广的磐石。

文泉书院学则

一 生员之家。父母贤智者，子当受教；父母愚鲁，或有非为者，子既读书明理，当再三恳告，使父母不陷于危亡。

一 生员立志。当学为忠臣清官，书史所载忠清事迹务须互相讲究，凡利国爱民之事更宜留心。

一 生员居心忠厚正直，读书方有实用。出仕必作良吏，若心术邪刻，读书必无成就，为官必取祸患。行害人之事者，往往自杀其身，常宜思省。

一 生员不可干求官长，交结势要，希图进身，若果心善德全，上天知之，必加以福。

一 生员当爱心忍性。凡有司官衙门，不可轻入。即有切己之事，只许家人代告，不许干与他人词讼。他人亦不许牵连生员作证。

一 为学当尊敬先生。若讲说皆须诚心听受，如有未明，从容再问，毋妄行辩难。为师者亦当尽心教训，勿致怠惰。

一 军民一切利病，不许生员上书陈言。如有一言建白，以违制论，黜革治罪。

一 生员不许纠党多人，立盟结社，把持官府，武断乡曲，所作文字不许妄行刊刻，违者听提调官治罪。

霞东书院，原为"破肚将领"蓝理之公馆，位于漳州市芗城区盐鱼市街。清雍正年间，漳浦理学家蔡世远在公馆里塑文昌帝君像祀，改为文昌宫并作书院。乾隆年间，文华殿大学士、四库全书总裁蔡新（蔡世远之侄）归隐后至此讲学，后辟为漳州府郡东厢社学。嘉庆末年，书院年久失修废为民居。道光元年（1821年），乡绅黄步蟾倡议重修，书院落成后，时任台湾噶玛兰通判的姚莹为之撰《重修霞东书院碑记》。民国初年，前清秀才杨瑞庵在书院成立霞东钧社南词馆，招收学员，传授南词古乐。抗日战争后至1949年，书院荒废无人管理。1997年，霞东钧社恢复，并进驻书院保管文物，同时演习古乐。2003年，庄亚琛、咸毅川母子捐资重修。

霞东书院现存建筑总体保留道光元年（1821年）重修格局，坐北朝南，占地面积414平方米，平面布局为二进一天井，由门楼、主殿和两侧廊房构成。正堂悬山顶，燕尾脊，抬梁穿斗混合式构架，面阔3间，进深3间。前进东侧还保存有姚莹撰文、章銮书丹的《重修霞东书院碑记》石碑。1988年被列为漳州市文物保护单位，2005年福建省人民政府公布为第六批省级文物保护单位。

浦头港边话文昌

蔡刚华

在漳州知道霞东书院（即文昌宫）的人不多，但如果问及文昌宫，人们就会热情地告诉你它的位置和它的传奇。

从开漳圣王陈元光之子陈珦于公元708年在漳州平原的松洲创办了第一所书院后，书院文化一直是深植于闽南人内心的一种文化情怀。中国数千年的文明史中，书院文化一直是中国古代教育、学术的重要载体和组织形式，它的视野始终离不开文人的讲学、著书、刊印和归隐，它的情调更与焚香、品茗、听雨、赏雪、莳花、抚琴等文人雅事有太多的关联。因此，漳州这个古有"海

霞东书院大门 / 李淑芬 摄

滨邹鲁"之称的文化古城自然也不免其俗。漳州城隔西溪与丹霞山相望，在明清时期，"霞漳"或"丹霞"已成为文化人对漳州的雅意表达。清《漳州府志》记载："郡之四郊皆称霞东、霞南、霞西、霞北。"而城内的书院多取与丹霞有关的名称，这样既文脉延绵又薪火相传，所以历史上就有丹霞书院、霞北书院、霞东书院等多个书院。而霞东书院在历史的风云际遇中，却是唯一能在原址完好保存的书院，应算是大幸。

于是人们对霞东书院赋予了更多的希望与寄托，每到考试季，这里的香炉总是烟火缭绕，炉前人头攒动。因为这里供奉着文昌帝君、魁星，这些可都是冥冥之中关乎科考关乎及第的神明。

其实这幢在文保部门登记为"霞东书院"的建筑，之前并没有如此功能性的定位考量，它更多的是一处适居的官宅。这幢建筑始建于清康熙四十五年（1706 年），原为清朝名将蓝理的公馆。蓝理在漳州可是一位叱咤风云的人物。他是漳浦县赤岭畲族人，少年时曾浪迹漳州城，困居浦头港边的庙宇，生活最煎熬窘迫时就是大冬天只能和五位身世相同的小兄弟共穿三条裤子，这就是闽南故事里精彩的"五虎将"和"五人三条裤"的故事，从此也大概能推断出他为何发迹后念念不忘在浦头大庙附近建馆的原因。后来，蓝理拜师习武并精通各种兵器，于清康熙二十年（1681 年），出任征台的前部先锋，并深得福建水师提督施琅赏识。康熙二十二年（1683 年），施琅率蓝理及众将领攻打澎湖，蓝理部为先锋，当敌舰围住施琅所在的指挥船时，蓝理马上率部引敌，并在危急关头，大吼一声"将军勿忧，蓝理在此！"与敌血战，后中炮负伤十多处并肚破肠出，其部下用手将其塞入肚中，他的四弟用战袍将伤口包起来。蓝理虽血透战袍却依然"誓与贼无生还"，将士受其鼓舞更勇猛杀敌，最终取得澎湖之战的胜利。蓝理因战功显赫，被授予参将，加左都督。康熙皇帝也盛赞他"血战破敌，功在首先"。功成名就后的蓝理，没有忘记当年的艰苦岁月，在他少

霞东书院正厅 / 李淑芬 摄

年成长的浦头港边，特意选择一处既听得到涛声又绿树浓荫的地方盖了一座自己的公馆，回乡时可暂居也可接济乡人。这样既让自己声名显赫，更为知恩报恩。

　　顺着资料线索，霞东书院的历史面貌渐渐清晰。这幢其貌不扬的建筑最早为提督蓝理的府第，乾隆年间太傅蔡世远将这幢官宅改成霞东书院，并在书院中塑文昌帝君像祀之，称文昌宫。此后，这座与历史有太多际遇的闽南民居又迎来了它的惊艳时光，文华殿大学士、《四库全书》馆正总裁蔡新（蔡世远之侄）归隐漳浦后也曾到此讲学。后来漳州府郡东厢社学又建于此。嘉庆二十二年（1817 年），龙溪知县姚莹重修，书院现存有姚莹重修碑记一座。道光元年（1821 年），乡绅黄步蟾倡议再修霞东书院。到了民国初年，城里的秀才杨瑞庵在书院成立霞东钧社南词馆，招收学员并传授南词古乐。至此，这幢由公馆而来的书院开始华丽转身，除书声琅琅外，还意气风发地兼容了南词古乐的风雅吟唱。这是文化包容性与多样性在一所书院的情怀体现。然而抗战时期的书院逐步荒凉，直到 1988 年霞东书院被列为漳州市第一批文物保护单位，后又被列为省级文物保护单位。1997 年，在此又恢复成立了研习南词的霞东钧社，书院既是被保护的文物点，同时也成了留存古乐的"挪亚方舟"。2003 年，在社会有识之士的帮助下，后殿塌顶的霞东书院终于再度修缮并重新开放。

纵观霞东书院三百年的风云际会，它总在日渐荒芜与不停修缮中坚守矗立，在不断地被注入新的内容与传承中涅槃重生且脚步不歇。前埕一侧的"霞东书院捐金姓氏"记录着当年闽台两地一些捐钱修建书院的社会名流、达官贵人的姓名单位及捐款数额，就掷地有声地说明了这一点。

如今，修缮后的霞东书院坐拥闹市，一株硕大的老榕为它撑开绿荫巨伞。书院坐西北朝东南，为两进悬山顶燕尾脊式建筑。由门殿、主殿和两侧廊房组成了"口"字形布局。前殿面阔三间带"一"字前廊，进深两间，中设天井，两侧有过水廊房相连。主殿面阔进深均三间，供奉着文昌帝君、魁星、观音菩萨、"破肚将军"蓝理、福德正神等。

书院占地面积 414 平方米，其中文物建筑面积 230 平方米。一进东边有清龙溪县知事、台湾道台姚莹撰文，章銮书丹的《重修霞东书院碑记》和"霞东书院捐金姓氏"等碑刻。前埕、天井和前殿前廊用花岗岩麻条石铺墁，主殿前檐金柱为蟠龙纹石柱，雕刻精美。建筑各部位的装修也颇为考究，前殿内檐装饰用透雕龙纹、博古纹方窗作为隔断，大门前置一对青石螺纹抱鼓，外檐两组垂柱的柱头呈垂莲状，另有龙头鱼尾纹雀替，前檐额枋在明间部位满枋剔雕蝙蝠和人物图，刻工精细，令人叹服。

如今的东霞书院（文昌宫）已是老漳州人逢考必去的一处考生"加油站"。如果你想仔细端详它，找个不是考试的季节或安静的午后，当阳光透过高楼缝隙间斜照着石碑，你可静下心来揣摩细品，硕大的石碑似乎是一面可以回望的镜子，甚至可以窥见百年前霞东书院重建落成时，漳台两地的社会名流、文人雅士携手同欢的盛况，当年的浦头港帆影绰约，风雨沧桑已成气象，商贾熙来攘往风云际会。如今石板街人流如织的繁华景象已不复见，但这些涉台文物的无言矗立，于无声处已快意畅言了。

字迹可能模糊漫漶，但浦头港与基隆港当年的热闹繁华却清晰可寻。其实这样的阅读在八十年前也一样有过，那时驻锡祈保亭后的弘一法师，在放下经书的某个午后，也会一个人从祈保亭折入新行街行于古城小巷，或在榕荫遮

霞东书院中高考祈愿的家长、学子／戴溪川 摄

蔽的霞东书院阅碑，或到涛声依旧的文英楼听潮。

于书香弥漫的霞东书院，于香火旺盛的文昌宫而言，它虽老去，可风采依旧。只是悲凉的底色中本该拥有的美好已不再，我们留住了书院的主要建筑，也延续了文昌宫的香火传承，但却挽留不住漳州南词的掩面而去。南词音乐始于唐初，唐明皇时盛行于宫廷唱吟歌舞，被称为"霓裳之典"，后盛行于江南一带。经艺人流徙南迁，一路传至赣州、漳州。其演出是简约的坐唱形式，无铺张排场。而前些年漳州南词除了还有上了年纪的 "男艺人"高歌一曲外，南词韵律中需要的"女唱将"至今已鲜有人可担当了。纵有艺校年轻学生前来学艺，但也只能根据流传下来的零散曲谱哼唱，老艺人凭着记忆指导……作为民族音乐的活化石，作为传承千年的艺术瑰宝，作为已列入省级"非遗"保护项目的漳州南词，命运多舛，恐濒临失传。如再不抢救性挖掘传承，或许过不了多久，漳州南词将成为我们记忆深巷里的一段绝唱。

站在模样依旧的霞东书院前，站在人们虔诚膜拜的文昌宫前，我的心情却五味杂陈。

云山书院

云山书院恭祝主会人民新年快乐

云山书院位于漳州市云霄县云陵镇溪美街南强路，清光绪九年（1883年）为祀乡贤林偕春而建，因林偕春晚年自号云山居士，故名为"云山书院"，又因林偕春曾奉诏编纂明武宗世宗两朝《实录》，乡民尊称其为"太史公"（又称"太师公"）而俗称"太史公庙"。

书院由门厅、庭院、大殿、东西厢房、照壁等组成，占地面积1400平方米，主体建筑面积800平方米。大殿为二层方形楼阁式木石结构建筑，重檐歇山顶，一层上部置出檐。主殿曰"抉云楼"，祀林偕春像，二层为"奎星阁"，面阔、进深均5间，明间抬梁式木构架。

书院尚存光绪十五年（1889年）秋瑾的祖父秋嘉禾所题"早有直声留胜国，分其余事活群生"等楹联。云山书院在中国台湾基隆、南投和新加坡、马来西亚等地都有分院。2005年福建省人民政府公布为第六批省级文物保护单位。

早有直声留胜国

唐淑婷

　　在风光旖旎的漳江西畔，伫立着一座由四根巨大石雕柱构成的山门，大门正中门楣上是著名艺术大师刘海粟题写的"云山书院"四个遒劲雄浑的鎏金大字，这里便是云霄县最为著名的云山书院！

　　进得山门，可见一处小广场，茵茵的草地上几株侧柏挺拔俊秀，一围七里香修剪得齐齐整整，几朵娇艳的扶桑花婆娑起舞，一排石椅上坐着悠闲的游人。在这喧闹的小城中，竟能觅得如此绿树掩映的清净之地，使人顿感心情舒坦。广场正中塑着一座身着官服、手执书卷、凝神望远的铜像，他就是云霄家喻户晓的太史公林偕春。

　　林偕春（1537—1604年），字孚元，号警庸，晚年自号"云山居士"，

云山书院刘海粟题字山门 / 周先丽 摄

祖居福建云霄佳洲郭墩，后迁居前涂村。他出生于一个亦耕亦读之家，自幼聪颖好学，才思敏锐，随父亲习六艺、百家言，能博综解悟，素有神童称誉。明朝嘉靖四十四年（1565 年），他考中进士，一生经历嘉靖、隆庆和万历三朝，担任过翰林院庶吉士、检讨、编修，湖广按察司副使，两浙学政，南赣兵备道副使，湖广布政使司右参政等官职。

在很多人的想象中，古时的"书院"应该有着一排排木质的书桌书架，陈列着一摞摞的书卷，老先生手持一把硬直的戒尺，学子们笔下散发一缕淡雅的墨香，琅琅的书声绕梁不绝……在这占地 1400 多平方米的书院里，寻寻觅觅的你并未能寻找到所谓古代书院的痕迹，横看竖瞧，它绝对是一座地地道道闽南风格的楼阁式寺庙建筑！但你不必疑惑，因为，这"云山书院"其实是后人为了崇祀太史公林偕春而建的，据传林偕春曾经奉诏编纂明朝《实录》，民间尊称为太史公。又相传他于隆庆年间曾侍读于太子，所以百姓又都尊称他为"太师公"，而将云山书院唤作"太师公庙"。

在主体建筑之前驻步，云山书院坐西面东，前有宽阔平整的广埕和半镂空设计的照壁。前面是古代官吏府邸所用的朱红三齐门，整个大门呈对称设计。大门的正上方悬挂着一块金匾，匾框上雕刻着双龙戏珠，墨绿色的匾额上书写着"云山书院"四个金灿灿的字，庄重而华贵。在朱红大门的左右两侧，悬挂着一副黑底金字的楹联："漳水流多明世惠，云山起再昔贤思。"大门的门槛上装有一对一米多高的抱鼓石，鼓面直径超过半米。门两侧的墙上为半立体的石质浮雕，一边雕龙，一边刻虎，雕工精细，十分威严。

主体建筑属于重檐歇山顶、抬梁穿斗式的方形楼阁建筑，前后共二进，飞檐翘角，十分气派。琉璃瓦的屋顶显得富丽堂皇，正脊塑着回头双龙，脊腹装饰雉鸡、茶花，第二道脊饰有牡丹、凤凰，中间竖立一二米高的蓝色釉陶葫芦，上书"天开文运"。门厅、庭院、大殿、厢房、花园相互配套，设计堪称卓绝，完好地保存着明清时期的建筑风貌。门厅和厢房都是砖木结构，门厅是歇山顶，厢房为硬山顶。从主楼到大门的前檐饰有四组人物故事，大门屋顶内向装饰什锦博古。外向所饰的八仙、八童、八兽及前壁所画的"铁拐李炼丹""昭君出塞"、雄鸡、梅花图案均为著名画家林少丹所绘；内墙"云霄八景"为诏安吴耀中先生所作，每幅配诗一首，由云霄张瑞莹先生集句，张八卦先生所书。一幅一幅浏览过去，不禁惊叹这些图饰神态逼真，栩栩如生。

中间是大殿，厅堂宽敞明亮，属于木石结构建筑，一共分为两层，下层是正殿，由数根方形圆形石柱撑起。正殿梁上绘着展翅双飞的彩凤、玲珑秀丽的水墨字画，并嵌有刻工精致的木雕，整体风格端庄浑厚，古朴优雅，璀璨而唯美，静谧而闲适，金碧辉煌之中透露出一种不显山不露水的书香文韵和清高气质。

正殿神龛祀太师公林偕春锦袍加身、凝神端坐的塑像。大殿两侧门檐下辟有狭长的台阶，直通二层主楼"奎星阁"，奉祀着手执毛笔的奎星神像。林

云山书院大门／周先丽 摄

241

云山书院檐饰 / 周先丽 摄

偕春作为一代帝王之师，除了参与校勘《永乐大典》外，一生著作很多，文体有表、疏、奏、议、诗、词、歌、赋等，也不乏政治、军事、经济、文化论述名篇，其中有《实录》《承天大志》《三国志摘》《晋书北史钞略》《云山居士集》（载入《明史·艺文志》）等，文章气节名震朝野，堪称"一代文宗"，后人亦仰之如"北斗"。除此之外，其书法也堪称典范，在云山书院两侧厢房偏门与正大门之间镌刻着两幅他的书法："江渚翻鸥戏，官桥带柳阴。江飞竞渡日，草见踏春心。"记述了端午节的竞渡、踏青等民情风俗。他的书法隽秀飘逸，给人一种张弛之间驰骋九州纵横天地的快意豪情。

云山书院的正殿之中有"泽暨南国""一代文宗""楷模桑梓""漳水长流公有文章留后辈，云山共仰我随黎庶拜先生"等许多匾额和对联，分别由谢海燕、叶国庆、黄典诚、黄寿祺等名人撰写。在众多的联匾之中，特别引人注目是正殿前檐柱上的那对悬金字木联："早有直声留胜国，分其余事活群生。"这副对联是辛亥革命烈士秋瑾的祖父秋嘉禾在担任云霄抚民厅同知时，于光绪十五年（1889 年）为云山书院所题，具有相当高的历史意义和精神内涵。

是的，林偕春一生刚直不阿，磊落旷达，奉公克己，赤诚济世，关爱桑梓，惠泽乡邑……百姓们对他感恩戴德，在他去世二百多年后，为追念他的德泽，在云霄城关竹仔街（今云陵镇溪美街南强路）择址兴建云山书院，主祀林偕春木雕神像，百年来经过多次修葺，形成现在的规模。

翻开历史的一页，我们除了为林偕春卓绝洒脱的才情与高风亮节的品格叫好，更为他关心民情的事迹感动，从而对这座云山书院也有了更深刻的了解。云山书院是云霄全境内香火最旺的庙宇，无论春夏秋冬，瞻仰拜祭的人接踵而至。每逢林偕春生辰，必在广埕上搭建戏台，邀请戏班唱戏三日，期间人山人海，热闹非凡。书院每年举行盛大的"太师公巡安"的民俗活动，信众抬着太师公神像巡街，所到之处，民众顶礼参拜，场面壮观。在云霄县，家家户户都虔诚供奉太师公的神像，即使迁居外地，也要请一尊神像去膜拜。

而今，云山书院已经成为云霄重点文物保护单位和旅游胜景之一，闻名于海内外，台湾及海外的游客常年不绝。一些国家与地区相继建造祠宇，太师公英灵远播四海，德泽广庇万民。中国台湾、新加坡、马来西亚的进香团不远

云山书院内景 / 周先丽 摄

千里，到这里寻根谒祖。云山书院已然成为当地开展对台、对外文化交流的重要窗口，有力地促进了两岸的友好往来。

　　云山书院的厢房经常聚集着演奏潮州音乐的民间乐队和挥毫泼墨的书画家。书院设立奖学助学金，扶助和奖励学习成绩优秀的贫困生，形成浓厚的助学氛围——每年隆重的"高考优秀生颁奖仪式"，更是林太师公精神的一份传承。这一座没有书声的云山书院，正推动着整个云霄文化文明的脚步。

南屏书院

南屏书院位于云霄县莆美镇莆南村，坐落于莆美镇南山寺内。

南山寺又称莆美岩，面积约 4500 平方米。明弘治年间始建，后多次重修。南山寺坐西南向东北，主体面阔 5 间，为悬山顶燕尾脊建筑。寺前有黄道周所书"白云古道"石刻。另相传宋帝赵昺南奔时曾歇息于此，故大殿挂有"皇帝万岁万万岁"的匾额。

南屏书院建于寺西侧，系清光绪二十年（1894 年）为纪念乡贤林偕春及其父亲所建，原为林偕春与其父、明万历庠生林文贡读书处。院里建有"梅亭"，亭内祀林偕春。南屏书院与台中、南投林太师公庙之间文化交流不断，是闽台民俗文化交流的重要窗口之一。2009 年福建省人民政府公布"南山寺及南屏书院"为第七批省级文物保护单位。

晨钟暮鼓伴斯文

汤毓贤

云霄南山寺，原名前涂岩，又称南山岩，俗称"莆美岩"，南屏书院，即位于云霄县莆美镇莆南村虎仔山南山寺西侧，位居将军大道西侧山腰，依山势而筑，明弘治年间始建，清乾隆十八年（1753年）重修。《漳浦县志·卷二·方域》载："南山岩，即莆美岩，在南山，弘治间乡人所建。潮水自北岐入，注满诸溪，与菜畦、稻圃相隐映，足供胜览。"仰望起伏群山掩映下的岩宇，只见嵯峨黛绿的南山中，布满着蓊郁阴翳的树木。云层缥缈的湛蓝天空下，一组黄墙碧瓦的建筑分外醒目。置身这一雅趣盎然的佛光宝刹，怎能不催发游人陡生登高览胜的思古幽情呢？

南山寺与南屏书院旧貌 / 汤毓贤 摄

247

　　南屏书院为明太史公林偕春及其父林文贡读书处。原来此处有一个石室，室后植梅花一株，建凉亭一座，谓之"梅亭"。后来子荣父贵的林文贡，认为此处是个祥光凝聚的风水宝地，遂倡议建造佛寺于石室左侧，邀请莆美士绅讲学其中，成为南山寺的发端。受清光绪九年（1883年）云霄厅绅商各界募款兴建云霄厅城云山书院的影响，光绪二十年（1894年），当地民众为纪念林文贡、林偕春父子，也于南山石室遗址建成一座前连梅亭、庭院，一堂二室的硬山顶木石建筑，取名"南屏书院"，雕刻林偕春坐像供祀于神龛内。

　　林偕春（1537—1604年），字孚元，号警庸，晚号"云山居士"。他生长于一个亦耕亦读之家，自幼随父庠生林文贡学习六艺、百家言，接受正统儒

家文化，饱学经邦济世之道，以敏锐才思胜出同窗。明嘉靖四十年（1561年）中举，四十四年（1565年）成进士，入选翰林院庶吉士，后晋翰林院检讨、编修、两浙学政、南赣兵备道副使、湖广布政使司右参政、亚中大夫等职。他立朝勤政刚直，居家心系民瘼，卒后钦赐祭葬。林偕春是云霄历史长河中一位道德文章出类拔萃的神格化人物，一生著述甚丰，除了参与编修《实录》《承天大志》《漳浦县志》外，还著有《三国志摘》《晋书北史钞略》等；传世遗著《云山居士集》载入《明史·艺文志》，内容涉猎政治、经济、军事、教育、自然等领域，抨击时弊、议论朝政、评价史事独具见地，描绘出明代中后期社会历史状况，是漳州不可多得的珍贵历史文献。

南山寺及南屏书院全景／汤毓贤 摄

　　林太史公忧国忧民的操守和遗爱民生情怀，向来为世人所景仰。崇祯七年（1634年），时在翰林院编修、经筵展书官、纂修实录国史、文林郎任上的黄道周撰书《旌表节妇林母王太孺人墓碣》赞道："吾乡先正，有林警庸先生，伟人也……"碣文褒扬林偕春的祖母守节抚孤、艰辛教子的经历，以及对乡贤林偕春的崇敬之情。林偕春的道德文章深受民众景仰，被尊称为林太史公、林太师公在民间庙祀馨香不断，并从闽南、粤东诸县流传至海内外。其宫庙主要有云霄云山书院，台湾基隆、南投、台中林太师公庙，以及新加坡、马来西亚等地共20余座分庙。两岸、中外神缘文缘往来不断，有着悠久而深长的文化影响力。

　　南屏书院门额悬匾篆书"南屏书院"，堂内神龛额悬行书"松乔云汉"题匾。堂前辟连一亭，檐下前额高悬椭圆形黑漆金匾，上刻篆隶大字"梅亭"，下题刻繁款详载兴建梅亭过程。内容为："梅，花之魁者也，先人所以名亭，殆有魁天下志耳。亭废已久，乙酉岁，乡人士即其地昆建层楼，以为书院，盖以绍先人之志云尔。心禅。"据其落款章"心田画印"考知，此"心禅"即为清光绪间云霄莆美书画家张存诚。张存诚（1864—1918年），字克闲，号心田，光绪二十七年（1901年）恩贡，是诗书画造诣俱精的地方文人。

　　堂中悬挂木刻楹联"云山述作文章伯，漳水儒崇御史臣"，落款为"民国三十五年（1946年）夏，邑人士为纪念林太史公，重修南屏书院。工竣，书此赞其成，并志景仰先贤心意。古罗徐炳文题。"亭前为一院落，天井前依连照壁筑一口八角长方形喷水池。照壁嵌饰巨幅石雕麒麟，两侧镌联"巍巍硕德传千古，郁郁斯文见在兹"，两侧各辟花门与寺院大埕相通。院外左侧筑银炉亭，右侧建"南屏亭"，以纪念林氏父子在南山的活动。古往今来，对历史名人崇拜源自其高尚人格力量和良好道德风范，漳南林偕春信仰的神格力量，根植于漳水云山尚贤重义、笃诚守信、敬宗报本的深厚沃土，注入了云霄民众朴素的忠孝仁义观念和道德伦理精神，又在历史进程中升华为一种优秀传统道德文化。沐浴着林偕春先生的高风，南屏书院也因沾染先贤灵气而蒙光。记得云霄厅同知秋嘉禾题云山书院联云："早有直声留胜国，分其余事活群生。"当代著名诗人、书法家赵玉林先生也题联称："漳水流多明世惠，云山起再昔贤思。"林太史公直声危行、心系桑梓、树德于乡、道德文章百代不灭，为漳江理学的延传起到承先启后的作用，秉承了文人风骨气节的尊荣，不啻是一道最美丽的人文风景。

历经风霜雪雨和斑驳岁月，南山寺及南屏书院也曾有过历史上的沧桑沉浮。1918 年 2 月 13 日，云霄地震倒屋 300 余座，县署大堂震倒，余震不断；南山寺也在地震中坍塌，寺僧一哄而散而成废墟。1946 年，云霄佛教信众在

南屏书院黄道周题刻 / 汤毓贤 摄

民国县长徐炳文支持下捐金重建寺院。1949 年后，南山寺曾被莆美乡耕山队用作茶场。1982 年，新加坡爱国华侨林秋叶发起重修。1985 年 1 月 15 日，南山寺及南屏书院被公布为首批县级文物保护单位。1998 年 6 月，当地信众捐资发起局部整修。2004 年 8 月，信众再次集资重修南山寺；次年重修南屏书院，基本保持原貌。2009 年 11 月 16 日，福建省人民政府公布南山寺及南屏书院为第七批省级文物保护单位。同年春，南山寺工作委员会在广大信士普施下，于南屏书院后座的大雄宝殿右侧佛祖堂厢房原址又拓建面阔、进深各三间，单檐悬山顶木石结构的地藏王殿。壁堵浮雕精美的花卉人物，屋脊剪粘龙首吞口和双龙戏珠图案，前置香炉亭和石砌标杆等。大殿建成后，移塑佛教四大菩萨之一大愿地藏王菩萨金身，悬匾"大悲大愿""地藏王殿"，并设置祈福长明灯普济众生。

这座新建地藏王大殿，与南山寺及南屏书院组成规模宏壮的建筑群，形成风格典雅、布局规整、错落有致、金碧辉煌的巍峨崇阁宝刹，既赋予宗教建筑以浓重地方特色，也不失闽南传统庙宇建筑风格，成为云霄县佛教丛林一道亮丽文化风景和历史文化名胜。寺前视野平旷，臣山似笏，漳江如带，云城眼底尽收，蔚成一方胜概。尤其是殿宇中那些精美雕梁画栋和华丽剪瓷彩绘，尽显出我国古代南方建筑装饰艺术的独特神韵。而赋予其中内涵丰富的民俗文化传承，正在向游人诉说着备受万民景仰的林太史公的故事！

石井书院

石井书院位于泉州市晋江市安海镇成功西路，前身是宋绍兴年间安海富商黄护为朱熹的父亲朱松讲学而建造的"鳌头精舍"。绍兴二十一年（1151年），朱熹任同安主簿时，多次到此地访朱松生前好友，论说经义，安海"民沾其德，咸知向学"。乾道年间，客居安海的朱熹学生傅伯成改此处为"二朱先生祠"，绘朱松父子画像并奉祀之。

南宋嘉定四年（1211年），泉州郡守邹应龙应石井镇官游绛建书院以纪念朱松父子之请求，改建祠为书院。工程由朱熹之子、泉州通判朱在负责，建棂星门、大成殿、尊德堂（祀朱松父子像）以及"富文、敏行，移忠、立信"四斋，于嘉定五年（1212年）秋天告成，以地定名，称"石井书院"（"安海"时名"石井"），此后多次修葺。

清顺治十三年（1656年），清兵入安海毁镇，书院被焚毁。康熙三十九年（1700年）、乾隆七年（1742年）重建。历代以来，多有名儒大师出任书院山长，如南宋顾长卿、余谦一，元杨相孙、陈玄，明陈惟白、刘绍祖，清教育大家陈棨仁等。清末书院废，只留祠宇，习称"朱祠"。

现存为清代建筑，坐北朝南，由仪门、庑廊、大成殿等组成，占地面积932平方米。大成殿面阔5间，进深5间，抬梁穿斗式构架，歇山顶，附属文物有宋代"杏坛"碑、明弘治《重建鳌头石井书院记》、清乾隆《重修启贤祠》等碑。2013年福建省人民政府公布为第八批省级文物保护单位。

别有书香在石井

颜长江

一

在南宋，在偏安一隅的时空中，有一位儒雅之士，拖家带口地赶来安海赴任。他就是安海设立石井镇的镇监官朱松，堪称是安海历史上第一位被记载政绩的镇官。

安海这处叫"鳌头境"的地方，由于朱松坚实的木屐踏过，或是朱松手牵着跟跟跄跄的小儿子朱熹走过，就好像是播下文化的种子，在八百八十多年的岁月风雨中，依然生根，开花，结果……

石井书院大门 / 许玲玲 摄

255

　　今天，我探访的石井书院，也称朱祠。其前身为鳌头精舍，就是镇监官朱松及其子——南宋著名理学家朱熹讲学的地方，素来有泉州"四大书院"之首的誉称。

　　这是一座按州县学宫规制而兴造的建筑，正面就是棂星门，此以古代天文学上之"文星"所命名，表示文人学士集学于此，群星灿烂。门楣上悬挂的"石井书院"匾额，是福建省政协原副主席许集美题写，甚是庄严。

　　走进门来，只见庭院之内，一片宽敞的石埕上绿树掩映，宁静幽深。那大成殿的亭台上，石柱直撑出高挑的檐角，气度恢宏。

　　2010年，石井书院内设立了陈列馆，旨在以图文并茂的形式传承薪火，弘扬宝贵的朱子教育智慧以及海纳百川的安海文化底蕴。昭示着"安海八景"之一的"石井书香"，钟灵毓秀，惠养一方之士。

　　透过岁月的云烟，我仿佛看到泉州府文庙明伦堂的那一副对联："圣域津梁，理学渊源开石井；海滨邹鲁，诗书弦诵遍桐城。"指明朱熹终其一生的精力，兴教讲学，把"理"作为教育实践的宏愿，就是由石井书院发轫。

　　朱熹所创立的理学思想体系，成为我国封建社会里继孔子之后影响最大的学说，迄今仍被日本、韩国、马来西亚等国推崇。而他一生中桃李芬芳的青年时光，竟然与他父亲一样缘结安海小镇，使这块闽南滨海的土地，人文鼎盛，簪缨鹊起。

　　我感到安海学风的兴起，也就是其时因讲学者的提倡，而在唐代始设鳌头社的基础上发展起来的。南宋建炎四年（1130年），安海设立镇级建制，名曰"石井镇"。朱熹的父亲朱松本是北宋政和八年（1118年）进士，曾先后任职福建建宁府（今建瓯）政和县尉及南剑州（今南平）尤溪县尉。据束景南的《朱子大传》称：绍兴二年（1132年），在抚谕东南的胡世将的保举下，朝廷调任朱松为石井镇监。

朱松赴任之际，他的挚友苏籀还写了《送朱乔年被举荐监石井镇》的送别诗，此诗收入苏籀所撰的《双溪集》，后收录在《安海志·诗咏》中，其云：

> 石井镇初腾一鹗，管城子健幹千钧。
> 已然自足雄吾党，其进只应轶古人。
> 衣被卉裳殊俗惯，解捐犊佩猾商驯。
> 万钟他日扶危手，五斗怡怡为奉亲。

朱松还有《中秋赏月》《茱菊》两首诗收入《韦斋集》书中。束景南解读后认为，"并海窥涛澜""海上作重九"这两句诗是朱松与家人第一次在安海过中秋和重阳两节的真实写照。尽管朱松在安海当政执事仅有两年多的时间，然而"其时民智涸塞，朱公乔梓，先后讲学于是，道以倡明"。朱松在处理公务的余暇，广泛接触市街里巷的下层平民，了解民间疾苦，立学教人。

石井书院庭院 / 颜华圣 摄

沿着甬道漫步，我看到角落里堆放着很多的石构件，是最近旧城拆迁之时，民间人士从挖掘机底下抢回来的，非常的珍贵。

安海就有很多这样的热心人，他们向慕文化，崇敬教育，值得称颂。

这种对文化教育的向慕与崇敬，也许就是建镇之初传承下来的风气。因为据《重建石井书院记》所载："绍兴初，韦斋尝为镇官，乃公事外，进民之秀者，教以义理之学，士向慕之。"

朱松这样最底层的地方小官，如此以文会友，礼贤结交读书人，甚至聚集生徒，亲自授课，自是深得老百姓的推崇。

石井书院大殿／许玲玲 摄

二

我转身来到庭院中，看到东畔碑刻有"杏坛"两个大字。正当我站在亭台上沉思的时候，大成殿里传出几声钟磬的余响。一种古典的气韵袭来，绕梁飘荡……

大殿正面的壁间，供奉着至圣先师孔子的画像，双手微拱，意态雍容。枋梁上悬挂着时任晋江市副市长颜子鸿以及安海籍书法家尤慎题字的匾额。堂前尊祀着朱松、朱熹父子的半身塑像，香烟袅绕，令人肃然起敬。

殿堂陈列的那一套青铜编钟，古意盎然。我触摸着钟架上的铜钟钮，顿觉礼乐皆备，书香盈室，自然而然就感怀着朱氏父子对安海文化的推动，可谓是影响深远。

南宋绍兴二十一年（1151年），朝廷委任朱熹为泉州府同安县主簿，兼治学事。此时，他拜程颐的三传弟子李侗为师，潜心于理学的研究。两年后，时年23岁的朱熹往返府县之间而路过安平桥，经常逗留安海，寻访他父亲生前的挚友。因而《安海志》称其"常至镇与父友耆士论经义，镇人益勤于学"。

朱熹对此故地情有独钟，这里的琅琅读书声，让他感叹不已。他曾手书"普现殿"的竖匾，高悬于龙山寺山门背面的正额之上。他非常赞赏安海重教兴学的风气，称之为"海滨邹鲁"。

我想，朱松监镇安海的时间不长，而朱熹除幼年时随父任上来安海，又随父擢迁离开安海，更只是二十多年后或造访或路过的几次讲学。但朱氏父子的奠基之功，使一方乡土的文风为之大振，对小镇的影响超越了时间与空间。因此《晋江县志》载云："得朱紫阳簿同，往来过化，海滨邹鲁之风，闽南佛国之号，由来旧矣！"

南宋嘉泰二年（1202年），即朱熹逝世两年后，朝廷取消对"道学"（也就是理学）的禁令，尤其嘉定四年（1211 年）彻底为朱熹平反昭雪，朱子学说重新获得肯定。

逝者如斯，教泽流芳，镇官游绛为满足士民的求学要求，遂向泉州郡守邹应龙汇报，请其允准将朱祠扩建为"如州郡学之制"的书院，引起郡守足够的重视。因而命通判朱在（朱熹第三子）董其事，次第建成大成殿、尊德堂、立"富文、敏行、移忠、立信"四斋等建筑。

翌年书院落成，始因地取名叫"石井书院"。其教学方式更上层次，文风更为勃兴，办学的规格有了历史性的提升。

从此，作为讲读和育才的园地，朱祠设在书院的整体格局里密不可分，符合其道德教育与知识教育并举的基本内容。还绘了朱松和朱熹的像祀于尊德堂，以标明书院的学风、宗旨和纪念朱氏父子对书院的贡献，作为以后治学的宗师。

三

来此缅怀瞻仰，我感觉石井书院几经兴废，体现着安海人百折不挠的精神。因为石井书院在其倒废的地方，一次又一次勇敢地站立起来。

进入元代以后，石井书院还延续着宋制教授生员，依然以理学为唯一的讲授内容。据万历《泉州府志》卷之九载："元代石井书院山长一员，列泉州总管府员额。"可知元代石井书院尚为完备。

然而，我从《安海志》上找到如此表述："迨宋亡，元无考，以至明朝，岁久倾颓。"可见书院曾一度处于沉寂状态。

直至明成化十三年（1477 年），晋江知县徐源才把早已倾圮的书院重建，并立了朱熹的塑像奉祀。尊德堂的东北新辟了"小山丛竹园"，西北设"杏坛"。

弘治十年（1497 年），同知罗惠又加以修缮，并在门外增建了石华表，额曰"石井书院"。嘉靖九年（1530 年），晋江知县钱梗又拨出公帑及乡之富民醵金维修一新，亭坛如故。

顺治十三年（1656 年），清王朝为了困死郑成功的海上抗清力量，实行迁界。安海镇民悉遭驱赶内迁，房屋宫庙除龙山寺、十九间、六块厝留作驻军之地外，全部焚毁。石井书院也难逃此厄运，再一次变成断壁残垣。

直至施琅统一台湾后，清政府废除"迁界令"，沿海居民复界生息。康熙三十九年（1700 年），晋江知县陈琰"悯之朱祠就湮，倡率鼎建"，才就其遗址再次重建，文脉再续。乾隆七年（1742 年）又建了韦斋祠（朱松，号韦斋），匾曰"闽学开宗"。乾隆十四年（1749 年）通判马铭募资增建仪门及两庑……

经过这一再的修葺兴复，石井书院气势重现，更是壮观。

出任书院的山长多有才高学博的贤士，如宋代的顾长卿、余谦一，元代

石井书院大殿内景／林峰 摄

的杨相孙、陈玄，明代的陈惟白、刘绍祖。又如清康熙年间，进士翰林院出身的教育大家陈棨仁，为石井书院末任山长。这些大师名流不遗余力地授徒，佐助安海文化的发展与繁荣，做出很大的贡献。

我游走其间，在一块块展板前流连阅览，其详细介绍书院人才辈出的盛况，走出一代代文韬武略的骄子。正是这浓厚的学风，造就过南宋以降像王慎中、黄汝良、郑成功……这样出类拔萃的文学家、政治家和民族英雄。

清末，康有为和梁启超掀起变法维新，全国兴起了"废科举、办学校"之风。在传播新科学、新思想的时代变革中，石井书院终于退出历史的舞台。然而，与时代同步的安海人不忘"二朱过化"之功德，改复石井书院名称为"朱祠"，以延续文脉。光绪三十三年（1907 年），就在这座古老书院内创办了一所新式学堂——养正两等小学堂，安海创办学校走在闽南各县的前列。

1996 年，为纪念朱松、朱熹父子对安海文化教育的贡献，安海还创办了松熹中学，培育英才，激励新秀。1999 年，朱祠被列为晋江第三批市级文物保护单位。2007 年，晋江市、安海镇两级政府按修旧如旧的原则，斥资重修大成殿、两庑、仪门，并建碑廊，其建筑仍为清代风格。

历时近一年的修缮，复使古貌典雅、巍峨庄严的朱祠风采焕发。时任晋江市副市长颜子鸿为之记，安海籍书法家龚子猛题写"尊德堂"遗址碑石，以彰显书香浸润的安平风骨，学风流长。2013 年 2 月，石井书院被列为第八批福建省级文物保护单位。

看着这些变化，我欣然地感到，石井书院作为安海人才辈出的发祥地，它最核心的意义是——朱松、朱熹、朱在祖孙三代均与之密切的关系，具有不可复制的历史人文背景，称誉遐迩。

如今，朱子文化作为海峡西岸重点保护发展的特色文化之一，当代社会将赋予其更加深远的意义。

龙山书院

龙山书院，位于泉州市惠安县净峰镇西头村，由元朝张性祐（1300—1368年）创办，初称龙山书室，又名张氏草堂，为家族式书院，供族中子弟念书习业，明时为惠安县八所社学之一。张性祐之孙张祖"念非力学，无以树门户，置书万卷，旦夕读书其中"，后成为龙山书院走出去的第一人，对后世影响颇深。其子张颐是明代泉州八大琴师之一。

　　龙山书院在明清两代人才辈出，"七世联科甲，一门六进士"，培养出进士10人、举人20人、贡生数十人，在明清均位居惠邑之首，其中最负盛名的是明嘉靖朝右都御史兼兵部左侍郎、六省总督、理学名臣张岳，他是唯一载入《明史》的惠安人。至清嘉庆年间，龙山书院已倒塌。现存建筑为2007年重建，坐东朝西，硬山顶，建筑面积200多平方米。2001年惠安县人民政府公布为第六批县级文物保护单位。

廉隅世家——龙山书院

杨雪卿

　　净峰龙山书院又名龙山书室，毗邻张襄惠公张岳家庙，位于现净峰镇西头村。据《惠安县志》和《张氏族谱》记载，明清两朝龙山书院培养进士10人，举人20人，贡生数十人，其中最负盛名就是明代理学名臣张岳。张岳，字维乔，号净峰，爱静好读，"过目成诵"，博学多艺，史书记载他"结草堂于净峰，读书其中……自励昼夜，皆有课程。至天文兵法，稗官野史，亦旁涉手校"，时与陈琛、林希元并称"泉州三狂"。

　　书院因年代久远，几经倾圮，现已重修，于2009年10月6日隆重揭牌，面貌焕然一新。如今走进书院，可见一座三进三开间、硬山顶、重檐式的古建筑，具有典型的明清时期风格。山门之内是宽敞的广场，中有一池清水，石鲤

龙山书院正门／陈海平 摄

鱼高高跃出水面。池边毓香亭一座，雕栏玉砌，夏夜蝉鸣蛙语，是村民品茗闲聊、读书下棋的好去处。再往里便是书院正门，门上大红灯笼高挂，居中高悬一匾，书"龙山书院"四个鎏金大字。院内雕梁画栋，金碧辉煌。中厅悬挂"桐庐流荫""宫经""伦元""明经""少平"等匾额，尤其是写着"少尹"的匾额更是字迹刚劲有力，引人注目，落款"十七世裔孙文裕恭述"，系著名核物理学家张文裕1942年回乡祭祖时所立，由张坑最后一位举人张春祺之子大舍（名鼎佑）手书。后厅福堂上挂孔夫子画像，案上供奉张岳的半身塑像，"其神凝焉而若有歧，其身饬焉而若有盘"，生动地刻画了张岳亦儒亦将"文震三省，武肃九著"，一生"宁为岩畔柏，不随秋叶扬"的精气神。

书院早年是一所家学，由元朝张性祐（1300—1368年）创办，供家族子弟念书习业，父子祖孙，自相传授，明时为惠安八大学社之一。张氏的三世祖名祖字彦宗，尊崇"念非力学，无以树门户，置书万卷，旦夕读书其中"，成为从龙山书院走出的第一位历史名人，对后世影响深远。他的四个儿子中，长子名颛，为人孝友好学，曾修族谱，立丧祭法，精通地理风水，人称爱山公；次子名颐，精通音律，是明代泉州八大古琴家之一；三子名颀，首重教育，"作家塾，延名儒，教子孙"；四子名显，"好吟唐诗，所自制，积成卷帙"，偕以耕读传家著称。至张岳曾祖父张茂，专攻《诗经》，是一位严谨的先辈，后来授任浙江桐庐县丞；张岳祖父张纶，精通楷书，像前辈一样重视教育后代，后也授任江西萍乡县令；张岳父亲张慎，未出仕前亲自在龙山书院教授以收入自给，农忙时带子弟下地耕作，以至于人们不知他是位读书人，授任广东英德县令后，"兴文教，正礼俗，毁淫祠"。张岳儿时首先师从曾祖父张茂，后又师从祖父和父亲，他曾评论自己的三位近祖，"桐庐府君性方严，萍乡府君性沉静，先公为人坦责，资禀各有所成"。

龙山书院的良绪，造就了张岳一门"七世连科甲，一门六进士"，"文震三省，武肃九藩"。明代惠安第一位进士余福曾作《咏龙山书院》诗一首："志士论经处，幽期不可寻。山风吹散帙，湖水杂鸣琴。窗曙妆寒雾，庭昏下夕阴。名驰柏台上，长忆旧园林。"张岳先祖至其父四代皆为明朝地方官员，始终清明，卓有名望，被皇帝恩赐"廉隅世家"。

张岳之父张慎曾经担任广东英德知县，为人廉明，改革赋税、重教光文，后因积劳成疾，在任二年卒于任上。张岳深受父亲影响，出任两广总督后清正廉明、体恤民情、施政严明，深受当地百姓爱戴。离任时，广东各界人士想要大摆宴席为他送行，都被他严词拒绝。人们只好找来一块英德的普通人形石头送给他留念。虽然只是一块普通石头，张岳却觉得意义非凡。一是父亲张慎在英德任过知县，见石如见人，二是石头寓意着正直不阿，可以用此警示子孙后代。张岳带着两广百姓的敬重和一块人形石头踏上归梓的道路。有人探知张岳

龙山书院中厅 / 陈海平 摄

惠安县政府大院立人石／陈真真 摄

的行李中有一只很沉重的大箱子，认为里头肯定是存满金银珠宝，于是上奏皇帝。皇帝派出钦差大臣查实，并责令泉州知府、惠安知县一起派兵在洛江拦截张岳回家乘坐的木船开箱验物。开箱后才发现箱内是一块状如人形的普通石头。钦差大臣返京，据实奏报。皇帝认为张岳世家清廉，便赐予"廉隅世家"的美誉，并专谕泉州知府、惠安知县："张岳一生廉隅，俭朴可风，明诚独到，特恩赐就地建立生祠，将截获石头立于祠前，以供景仰。"后来，张岳带回的人形石头就被称为"立人石"。民国初期，惠安县城南门张公祠曾办过一所小学，叫立人小学，这石头便是该小学的一处独特景观。"立人石"几经辗转，现存于惠安县政府大院内。重约 2 吨，高 2.26 米，通体黝黑，形如一士大夫弯腰拱手而立。

新时期以来，净峰镇西头村结合"家＋文化"，选定张岳及其子孙充满传统美德的三十余个勤廉故事，通过编撰连环画宣传册、开展教育活动等形式深入宣传。目前，张岳家庙及龙山书院已成为对广大党员干部及青少年开展宣传教育的基地。

侯龙书院

侯龙书院位于永春县吾峰镇侯龙村（亦称后垄村）金字形面的双鬟垅山麓，由清雍正年间侯龙陈氏十三世祖陈素厚所建的"竹园斋"和嘉庆年间十六世祖陈孝柳建的"桂轩"书斋（又名"临池书屋"）组合而成。

　　书院坐北向南，四面绿水青山环抱，外观呈"水"字结构，是一座园林式的书院。有十八厅，现存上下厅、两厢厅、东西厅、阶下两厅、孔子厅、桂轩两侧厅。据《桃源颖川石牌侯龙陈氏族谱》记载，自从有了侯龙书院，陈氏子弟读书风气蔚然。陈氏子弟还热心教育，陈素厚的玄孙陈汉藩（1866—1933年）与族侄陈清如倡办侯龙小学（又称"侯龙学校"）。侯龙小学在1949年前后一段时间，都以侯龙书院作为校舍。2018年福建省人民政府公布为第九批省级文物保护单位。

汪在山里的一泓清泉

沉 洲

未曾谋面之前，已经被侯龙书院给惊着了。

有资料说，侯龙书院外观呈现"水"字结构，其门前双溪环绕，书院被包围于潺潺绿水中，仅遗一条石径伸向书院大门。这可是一条神奇小道，上学时，学子们如履平地。上课期间，溪水漫过小道，拦路护院。天造地设如此奇异，除了自然造化垂青外，肯定不乏古代能工巧匠的智慧。村里口口相传这个故事的老人陆续仙去，这样的景象也已不再重现，无人可以验证与核实。后来，查找到一本《寻找福建水文化遗产》的书，侯龙书院赫然在册，但也只说到书

侯龙书院庭院 / 颜伟强 摄

院"有山为屏，有水相护"，左侧一条清澈小溪见证了两百多年的书香历史，润育桃李，泽就四方。专家认为，书院在这一带地域原本就不多，坐落于如此依山傍水的环境更属凤毛麟角。

侯龙书院位处永春县吾峰镇侯龙村，已栉风沐雨了近三百年，是永春仅存的古代书院。虽然没有了传说中神奇的现象，但还是值得一看。正月末的一天，我们从县城驱车，半个多小时抵达侯龙村。侯龙村立地山坡，唯独停车处一小块平地还算宽大。眼前是一排单层的黑瓦老屋，类似 20 世纪 70 年代农村仓库的样子。镇"宣委"小梁同志打开门，这残败木门居然就是古老书院的门板，朱漆斑驳，龟裂如纹。

小梁介绍说，这排房子的位置，原先是书院下厅，大约是 20 世纪 80 年代拆了改建成大队部办公室，原有的建筑基本没有了。

侯龙书院俯瞰图／林永裕 摄

侯龙书院正厅 / 颜伟强 摄

　　院内大致是一个"回"字结构，围绕着一方池塘，入户的下厅与上厅相望，东院与西院相对，回廊围合，形成东西南北四处相对独立的院落，并通过门洞、镂窗或建筑构件加以联结。进门右拐是一条深长的廊道，木栏杆探出池边，下面是座椅，闲时倚栏观荷寻鱼，倒是别有一番情趣。靠里边有一溜齐整厢房，时光的日曝风侵，木柱、门板雨渍漫漶。这里大概是供师生食宿用的斋舍和读书休憩的居室。如此建筑布局，让人不仅亲近了自然，还契合了闽南的亚热带季风气候，人行其间，可以"雨不湿足，日不曝首"，很是自如和惬意。

　　这处被称为东院的地方，是侯龙书院的前身。清乾隆年间，侯龙陈氏十三世祖陈素厚有志于书香，于1734年构建竹园斋，供族人读书治学。1949年第四次修正的族谱《桃源颖川石牌侯龙陈氏族谱》中有过如下记载："其中亭榭池沼备，极壮丽之奇。远近之人得门而入者，莫不交口羡之。自是门多长者之车轩来，上尊之客，恢恢乎气量宽宏，有大雅之规焉。"当年的竹园斋显然就是陈氏家族的私家书斋。在书斋风气带动下，陈氏子弟苦读之风蔚然，族谱中记载了族人当年的精神面貌，"身列明经，不矜势利，不侮孤寡，夫妇相敬如宾，琴瑟和鸣……"

回廊到头便是上厅，临池立有一座亭式前廊，空间开敞通透，是师生们亲近自然、陶冶情操之所。推测当年的陈氏子孙，徜徉木亭之下，吟诵古人诗文，楹联巧续，寓教于乐，又是何等快哉！两旁亭柱上有一对楹联："种树类培佳境地，读书如拜小神仙。"其字迹秀气飘逸，古朴盎然。

靠里边的部分设有一厅两厢房，大厅一溜溜的楹柱上墨香浓郁，一副副对联清晰可辨。"贤能所至人咸仰，和惠为怀世尽春。""垅负侯龙，文卜在田龙见；屏开美凤，瑞征当世凤鸣。"凑近细审，楹柱白灰扒底后，都上过朱色大漆，之后再用毛笔题写墨字。两侧厢房的门扉上，门心字分明："据梧、修竹、蕴玉、修志、寄傲"，都包含着培养高尚志向、胸怀君子品格、寄托高远情怀的意思。

侯龙陈氏族谱记载，清道光年间，十六世祖陈孝柳立志宏远，南下讨生活，获数百金归乡，创构临池书屋，并聘请名师教授陈氏子孙。后来，其弟陈孝武于光绪年间再次重建桂轩书斋。从建筑用材与结构上推测，竹园斋之后的书屋

侯龙书院掠影 / 林永裕 摄

侯龙书院掠影 / 吴锦明 摄

建设，应该是环绕着长方形池塘，从上厅开始衔接的。前廊亭的飞檐翘角，两侧白墙上的红砖镂窗，廊道上的斗拱、雕饰与后面看到的西厅大致相仿，显得精致和考究。

廊道继续往前，从上厅西折，就到了临池书屋（后改为桂轩书斋）。呈现眼前的是一座相对独立的院中院，精致玲珑，它是整个书院里保存最为完好的一处。天井的院门两侧，一左一右各挺立着桂花和木笔树。此刻，从丛簇簇的金桂还在绿叶间喷香吐玉，几朵木笔花似乎受了感染，也于冷风里匆匆绽放。如果说种植桂花是培养学子清远高雅的品格，那么选择木笔则用心良苦。木笔花苞满披绒毛，形状酷似笔毫，被文人称为玉笔花。倘若书斋中花如玉笔，学子便可凭借笔下生花金榜题名了。这在科考举士的社会里，无疑是一件相当吉利的事情。

其实，进入桂轩书斋，从下厅脚踩水池上架设的小石桥进来，将会获得更好的感觉。石栏杆上那些古朴麻石条，地衣泊附，斑驳陆离，静静诉说着岁

侯龙书院掠影 / 陈志鹏 摄

月沧桑。石桥转折处几道或高或低的石栏，倘若摆上盆栽兰花，一定优雅高洁。水边植有一棵柳树，稀疏的枝条静候着春天的到来。跨前几步便是精巧的石门廊，顶檐翘脊舒展，苔迹累累。

耗费了几代人的心血，历经了几代人的努力，竹园斋和桂轩书斋终于组合成一座富有园林情趣的书院。据村中老者回忆，书斋建有十八厅，分别有上下厅、两厢厅、东西厅、阶下两厅、孔子厅、桂轩两侧厅等，总占地面积近700平方米……两座书斋各有历史，同门同宗的两位书斋主人虽相差数辈，兴学之风却是一脉相承。

族谱记载，清末，构筑临池书屋的陈孝柳之子陈日榜，游学福州后归乡主持"桂轩"，以治学精严闻名。其后，早年加入同盟会的陈素厚玄孙陈汉藩，返乡倡办侯龙小学，首任总董事。20世纪20年代，旅外茶商陈悌怀出资重新修葺。1933年，十八世陈辗敦捐献银元一千元作为侯龙学校基金，永春县长赠以"热心教育"牌匾加以褒扬。从1734年到1933年，历时两百年间，侯龙陈氏的有识之士不遗余力地为侯龙书院添砖加瓦，在那样的时代也堪称豪举。

这座立世二百余年的书院，培养了一代代的栋梁之才。

虽然以侯龙书院之名流传后世，但在"四修族谱"中，却没有出现过"侯龙书院"的字眼，相反，"侯龙学校"倒是多次出现。在侯龙村，陈氏向来就是大姓，占总人口的百分之七十以上。应该说，无论是竹园斋，还是桂轩书斋，一开始就是侯龙陈氏的宗族书斋。

书院和学校究竟有何不同？自唐代开始，书院就是民间或官府设立的聚徒讲授、研究学问和崇祀先贤的场所。南宋后，书院开始讲究内部结构的建筑规划，讲堂、祠堂和藏书楼成为书院的主体建筑，形成一定规制。三者空间排列则按照中轴对称的布置原则逐次递进，体现对中国传统礼乐思想的遵从。由于资金原因，竹园斋和桂轩书斋并不是按统一设计分先后建筑的，而是隔了三代人后，依凭此前的建筑样式接续拼成。因为脱离了古板规制，侯龙书院反倒显出了玲珑轻巧与生气。

戊戌变法后，光绪皇帝曾经下旨将省会大书院改设为高等学校，郡城书院改设为中等学校，州县书院改设为小学。到了 1905 年，科举取士制度废止，

书院退出了中国的历史舞台。1949 年，第四次修订侯龙陈氏族谱时，把原来口称的书院写成学校，显然也是一件与时俱进的事情。

在书院前的空埕上转身回望，现在我知道，在那一片矮矮的黑瓦下面，有一座侯龙书院，它坐北朝南，背枕蛇公山。书院旁已然寻觅不到那条清溪的蛛丝马迹，更没有记载里的小石桥和淙淙流水声。小梁看我执着于此，笑着解释道：为了造高产良田，20 世纪 70 年代，小溪已经改道走远了。

小梁还告诉我，镇党委、镇政府已经决定依照书院原貌进行修缮，让书院重新焕发历史风采，目前正面向社会广泛征集侯龙书院修缮史料和实物。

这消息令人欣慰，乡村书院默默地传承中华文化，启蒙乡村文明，培育了一代代人的文化品格。而那些热心办学、德泽乡梓的先贤，必须受到后人的敬仰和缅怀。从这方面而言，侯龙书院已成为一种象征，它就像汪在山里的一泓清泉，滋润着干涩的土地和人们的精神世界。

普光书院位于莆田市仙游县榜头镇下柳乾,是明代"三一教"创始人林龙江的传教处,为现存年代最早的"三一教"祠堂。它的前身是林龙江倡建的用于贮谷赈民的"莆仓"(一说为"普仓")。

明万历二十三年(1595年),林龙江命其得意门徒冯一、冯二改建为"普光书院",并带领门徒卢文辉光临书院落成庆典。仙游县的"三一教"传播以普光书院为中心而展开。"文革"期间书院被毁,1979年由群众和侨胞集资复建,1982年重修。现存两口明代水井,有青石雕刻。

涵三秋菊香三径，崇一春梅绽一枝

卢惠姗

从仙游县城至榜头镇一直走来，仙榜路两旁的红木家具展厅各具特色，尽显古风，康庄大道，一路宽阔。这里，果然是富庶之乡，是"中国古典工艺家具之都"的"都中之都"。在下明村路口拐进紫洋村道，就进入了安详平和的乡村田园风光。四季的稻田，该绿时翠绿，该黄时丰收。菜畦边，豌豆架丝瓜架，陈列井然，端的是岁月静好。每个乡村，都有它的气质，它的精神支柱。一方水土养一方人，一方信仰也养一方人。

沿着村道走不多远，到了下柳乾，一座气派非凡的建筑物便映入眼帘。它背依巍峨矗立的塔山，面向富饶美丽的东乡平原，这，便是普光书院了。书院坐北朝南，呈凹字形，雄伟庄严。主殿三门三进，面阔3间，进深2间，穿斗式木构架，悬山屋顶，供奉"三一教"教主林龙江以及张三丰、卓晚春、卢文辉、张圣君，后殿供奉观音、文殊菩萨、普贤菩萨等。东西各内外两护楼，内两护楼为住房与贮藏间，可供住宿；外两护楼为崇一堂、涵三轩，分列主殿两旁，犹如鲲鹏展翅欲飞，极为壮观。院前场地宽广，集福纳祥。书院随处可

普光书院正门/何云基 摄

普光书院雕花横梁 / 黄秀明 摄

见浮雕，雕工精细；花木葱茏，欣欣向荣。如今，书院占地面积3600多平方米，建筑面积2400多平方米，计9厅60间。

普光书院的前身为明代林龙江先生倡建救济贫困的义仓之一"莆仓"，创建于明嘉靖二十年（1541年）。初建"三一"教祠时，定名为普光祠，由三一教门徒冯一、冯二建于明万历二十三年（1595年）。在莆仙两地的三一教信众眼中，普光书院自有其独特地位，它比林龙江先生家乡所在地的东山祖祠建得更早，是仙游县最早兴建的一座三一教祠，也是影响较为深远的一座三一教祠。据统计，由此分灵的祠就达300多座，现有联系的三一教祠有126座。今日莆阳大地，凡以"普"字开头命名的三一教书院，源头都在普光书院。正是因为林龙江先生抗倭寇、救黎民而倾尽自己家产的伟大善举，心系百姓普度天下苍生的宏愿和毕生为了弘扬三一教事业而教化众生的奉献精神，才有着这遍布莆仙、充满正气的众多三一教祠。

林龙江先生出自书香门第，其祖父林富与王阳明过往甚密，曾任兵部右侍郎兼右金都御使，相当于今日的国防部副部长。先生家境殷实，世代行善，其父临终遗言便是退还穷苦农民千金债券。先生13岁时，每出必袖金以济贫困，其母欲责，则答曰："捐有余，补不足，天之道也。"万历年间，莆仙两次遭遇饥荒，时值王朝阶级矛盾与民族矛盾尖锐时期，劳苦百姓众多。先生在莆仓、龙坡等义仓开库济赈，共捐银 2 万多两、稻谷 100 多石。又逢倭寇来袭，围城屠戮，疫病倭患交逼，尸横遍野。先生鬻田献银，毁家纾难，赈民救灾，收埋尸骨共计三万余身。他的义举，既避免了瘟疫横行，又使逝者入土为安，老百姓十分感激，极为敬仰。先生行善施德，巨富家产为之一空，远近颂德，万历甲申年（1584 年）起，就有人建祠奉祀。

明万历二十三年（1595 年），莆仓改建，时年先生已是 79 岁高龄，这是先生在世时仙游县唯一的三一教祠，堪称祖祠，门徒请赐祠名。先生以对联示意："大明三教参三极，重阳一晃去一天。"上联中"大明"既指明朝，又含日月"普"照之意，意即教义颂扬儒释道能普照天人三极；时值重阳，下联中"重阳"指二日并立，暗合"普"字，"一晃去一天"即"去一日"为"光"字。众皆称道，遂以"普光祠"名之。

普光书院主殿林龙江塑像身边两位侍者，是先生在仙游发展的第一批门徒中的冯一、冯二兄弟，是普光书院的创始人。据传，林龙江先生在莆仓讲学传道之时，当地这两个少年兄弟也前往恭听先生教诲。他们耳无旁听，目无旁视，专心铭记，并主动为先生煮茶扫地。先生问知这哥儿俩的姓名为冯一冯二后，突发灵感："冯从马为午，隐夏午之义；一加二成三，合三教之数。莫非天遣此二子助吾传三教道脉乎？"先生命人送给其母一袋救济粮，特将十两银子藏于其中。先生以十金（十两银子）作为道德考题：若冯氏兄弟贪得非分之财，便是"食（十）金"忘义；若他们守本分，不贪苟得之利，便是"拾（十）金"不昧。不久，冯一冯二兄弟双手各奉五两银子，呈送先生处理。先生深感冯氏兄弟忠厚诚实，难能可贵，唱一短偈"勿起邪心，勿为邪事。拾（十）金不昧，堪作弟子"，当即收为门人。

　　冯一冯二果然不辜负先生的教诲和器重,在漫长的三十个春夏秋冬中,勤苦修持,积极传道,热心公益事业。门人问:"莆仓这个名称怎么样?"冯一答:"莆仓好!莆仓莆仓,普济苍生。泽被百姓,功在先生。"被问祠名,则答"普天同瞻仰,光华照千秋"。一信徒体弱求良药,冯二指点:"既来普光,必有良方。普济众生,光照大地。生地煮粥,康复身体。"诸如此类妙答颇多,足见其才其诚。先生分别为冯一冯二赐号"金齿临""玉齿临",指的是冯氏兄弟品德好、口才好、谈吐文雅,是具有"金齿、玉齿特色的临卦心性的人物"。以六十四卦中数一数二的吉祥之卦临卦的属性给门人命名,是高度赞誉和信任。后人有诗赞曰:

夏午慧眼识二马,

十金佳话传至今。

普施教义赖冯氏,

光前裕后孚民心。

普光书院林龙江像 / 何云基 摄

284

普光书院经历了漫长的历史变迁，据史料记载，林龙江先生青年时代就曾到景色绝佳的莆仓读书。自明嘉靖三十年（1551年）起，他舍弃功名之念，创立三一教，首先到莆仓讲道传教，传授"艮背法"治病救人，深受百姓爱戴。先生在下柳乾建起义仓，中、后两座为廒仓储备，两旁两座对称，三进两厢护厝，为住房及讲学道场，此为普光书院前身。

清末，普光书院重修，并扩建了涵三轩。书院仍存两口清代"龙井"，对称分布在主殿后方，井栏上分别有阴刻阳刻的花卉图案，摇曳多姿，望之不俗。井水清洌，大旱不涸，令人称奇。

1965年，普光书院被拆除一空。1979年新建的普光书院，忠于原址，在旧址地基上，按原有格式规模重建新宇，焕然一新，规模更大。主殿下厅天地坛的天井之中，鹅卵石拼成的麒麟乃旧祠原物，端庄古朴，默默见证书院的古今巨变，见证社会的文明进步。

书院四周环以渠道，流水注入院前"莲花出水"池，池上曲折小廊连着一座朱红色的凉亭。又筑假山一座，假山上嵌有龙首蛇头石猴等，饰以小石径小石塔，还有"觉""悟""勿起邪念，勿行邪事"等石刻，警示门徒存心以养性、修身以立命。书院四周，松竹苍翠，鸟语花香，农舍环绕，农田片片，令人心旷神怡。

书院左侧的涵三轩为长方形封闭式结构，现为陈列室，介绍林龙江先生的生平事迹。现存资料颇多，如《夏午要旨》《林子简要年谱》《莆田东山祖祠》《普光书院》等。陈列室正中悬挂先生画像，两边为惠安诗社社长柳影中撰写的"道冠天人开夏午，教通今古启苍生"以及林天宾撰写的"普照中天开夏午，光临大地乐春风"对联，还有书法家林井心和画家朱成淦的"佛"与"普光"佛僧画像、仙游县承璜诗社社员书法等。辛亥革命前后，莆邑名流中多在普光书院留下墨宝，如清御史江春霖、清翰林张琴、游观澜、郑田龙、

普光书院屋脊细节 / 黄秀明 摄

方正、郑观成的作品等。1923 年，国画大师李耕曾为书院创作了大量壁画，如《十殿阎王图》《二十四孝图》《十八罗汉图》及《麻姑晋酒》横幅国画等，画面人物栩栩如生，个性鲜明，淡彩重墨，风貌各异，堪称精品。可惜后来在动荡中尽数毁灭，令人唏嘘。现有壁画乃当代名家周秀廷等人所作，以供鉴赏。

普光书院，以其厚重的文化内涵，吸引着各地信众前来观光旅游、进香谒拜、研究学术。1996 年秋补行普光书院建立四百周年（1595—1995 年）庆典时，台湾籍诗人张承璜特地来参加庆典，并挥毫写下七律《普光书院颂》：

三教正宗度世师，莆仓改建普光祠。

涵三秋菊香三径，崇一春梅绽一枝。

宜向菩提参善果，更从般若植灵思。

成渠来自涓涓水，添瓦加砖共勒碑。

南溪书院

南溪书院位于三明市尤溪县城关镇水南路，原为朱松好友郑义斋（安道）家宅。北宋宣和五年（1123年），朱松任尤溪县尉，去官后寓居于此。宋建炎四年（1130年），朱熹诞生于此。嘉熙元年（1237年），县令李修捐资在此建祠合祀朱松朱熹父子，中为祠堂，左右为"景行""传心"两斋，为祭祀之所。淳祐五年（1245年），施债在祠堂右建"会极堂"，为讲学之所。宝祐元年（1253年）（另一说为宋德祐元年1275年）宋理宗赐匾额"南溪书院"，自此，南溪书院名扬天下。咸淳四年（1268年），县令黄岩孙创四斋，得于祠堂之右建"夫子燕居堂"，堂前为棂星门。

元至正元年（1341年），闽金宪赵承禧以朱松朱熹父子同祠于礼未安，分建"朱松祠"（又称"韦斋祠"）、"文公祠"。明正统十三年（1448年），沙县邓茂七率农民起义军攻入尤溪县城，书院毁于战火，仅存敕赐门额。景泰二年（1451年）起，历代均有修葺，规模逐步扩大。清末书院遭废，1958年韦斋祠、文公祠又毁于火。2013年，尤溪县政府着手重建，根据明嘉靖《尤溪县志》、清康熙《重修南溪书院志》等记载及图绘，全貌复原。修复后的南溪书院建筑群占地面积近5万平方米，建筑面积约1万平方米，包括韦斋祠、文公祠、半亩方塘、活水亭、溯源处、观书第等。1996年福建省人民政府公布为第四批省级文物保护单位。

南溪书院记

陈宗辉

二十年前的初秋，我家从小城东隅搬到了宣德街的金鱼井旁边，正好与古老的南溪书院隔河相对。南溪书院坐落在青印溪的南岸，我家在青印溪的北岸。当时搬家只是为了换一套空间大点的房子，对书院没有什么特别的印象。差不多与此同时，我接连参观了长沙的岳麓书院、儋州的东坡书院和攸州的石山书院，于是对整日隔岸相望的南溪书院便有了进一步了解的愿望。

绕过玉带桥，还没走五百米就到了书院的门外。向东望去，不远处就是一座八角亭，名叫思乡亭。亭外有一对高高的带斗石旗杆，那旗杆历经风雨几百年，一直静静地示人以昔日书生的功名，而亭子则寄寓着远游者深深的思乡

南溪书院大门 / 陈宗辉 摄

南溪书院"半亩方塘"/陈宗辉摄

之情。这样一想，名满天下的朱熹父子，仿佛刚刚离去还没走多远，还有那些多年外出为官的林积、周谞、陈贵、詹荣等邑人似乎也在回家的路上，很快就可以跟他们相遇。快步向大门走去，一抬头，七百年前宋理宗的御笔"南溪书院"几个鎏金大字好像也光鲜了许多。走进不高的门厅，一对长联闪亮相迎："奕奕乎仁义之府礼法之场造诣从兹进步，潺潺兮半亩之塘有源之水徘徊须此入门。"急切间连上下联的重字也不去思考了。

进了门厅，面前横着那泓天下书生皆知的"半亩方塘"。长方形的水塘并不很大，一座小桥跨过方塘，桥的正中建个亭子，上悬"源头活水"牌匾，四根亭柱左右分别连着座椅，环亭道宽一米，使桥面的路恰好成为汉语的"中"字。不知是否在启发桥上或行或坐之人，方塘清澈如鉴，神明似影相随，心中切不可忘记走"中庸"之道的深味。

塘的左边围墙内有观音竹和多种观赏小径竹，观音竹翠绿欲滴，小径竹淡绿泛黄。微黄的小竹林前突出一块灰色的大碑，南面镌刻朱熹《观书有感》原诗："半亩方塘一鉴开，天光云影共徘徊。问渠那得清如许，为有源头活水来。"北面镌刻《半亩方塘考》。我一直觉得文公诗中的"半亩方塘"不是写某个具体的地方，而是暗示他读书的具体感受，诗家语称为"比"，也就是比喻。这诗写法颇似唐朱庆馀的《近试上张水部》，是双边比喻的借喻手法。南宋谢枋得编《千家诗》时已把本体挑明："此诗文公因观书而见义理之高明，犹水之澄清而洞照万物。问渠何其澄澈光明如此，则谓有源头活水周流。"其实，这个本体也就是诗的题目。朱熹逝世三十七年后，尤溪县令李修将朱熹诞生地郑安道别墅改建为书院，又过了十六年的宝祐元年（1253年），宋理宗赵昀赐匾"南溪书院"。明崇祯九年（1636年）版《尤溪县志》记载历历："嘉熙丁酉（1237年）邑令李修始创祠三间，合祀韦斋、文公。……至弘治十一年（1498年），知县方溥始扩而大之……前为方塘，架亭石柱上，通以石桥。"民国十六年（1927年）版提到"弘治十一年，知县方溥始浚，建亭塘上曰'活水'"。可见，南溪书院始创于1237年，皇帝赐匾于1253年，半亩方塘始浚于1498年。

南溪书院的正院有文公祠、尊道堂。

尊道堂左右板壁上镌刻着罗从彦、游酢、程颐、周敦颐、李侗、杨时、程颢、

南溪书院文公祠 / 黄春森 摄

南溪书院纪念朱熹诞辰典礼／黄春霖 摄

张载八位思想家和学者的简历。朱熹出生时，游酢、程颐、程颢、周敦颐、张载都已去世，但这些先贤通过弟子或再传弟子依旧对朱熹的思想成长起着至关重要的作用。在这些大师中，朱熹真正直接师从的只有李侗。李侗与朱熹父朱松同窗，师从杨时、罗从彦。朱熹不但从李侗那里继承了先贤二程的"洛学"，而且经李侗的启发教导，综合了北宋各大思想家的学说，奠定了他一生的治学基础。站在尊道堂里，我深深感受到了"师严然后道尊"之古训，这种感受只有在走过岳麓书院的"自卑亭"时才有。朱松去世前曾托孤于"武夷三先生"，他嘱咐朱熹道："籍溪胡原仲、白水刘致中、屏山刘彦冲，此三人者，吾友也。其学皆有渊源，吾所敬畏。吾即死，汝往父事之，而惟其言之听，则吾死不恨矣。"这"武夷三先生"就是胡宪、刘勉之、刘子翚，他们都以二程理学为正宗。

　　朱熹敬师求道，转益多师，使其成为南宋时期重要的思想家和一代大师。从继承发展古代儒家思想的角度讲，著名词人辛弃疾对他的评价倒也不虚："历数唐尧千载下，如公仅有两三人。"康熙皇帝称赞朱熹："集大成而绪千百年绝传之学，开愚蒙而立亿万世一定之规。"抬头一看，文公祠的廊柱就借用这两句作对联。

　　站在"文山毓哲"大厅朱熹坐像前，我深深感受到了李修当年创办南溪书院、宋理宗赐御匾的意义。一座书院，是静静镶嵌在山水间并不宏阔的平常建筑；一片书声，是轻轻回荡在树林下并不强大的纯洁心语。走进书院，很快便被熏染感化，渐渐有了"不以物喜，不以己悲"的阔大胸襟，有了"先天下之忧而忧，后天下之乐而乐"的伟大抱负，有了"为天地立心，为生民立命，为往圣继绝学，为万世开太平"的浩然之气。融入书声，很快便会神清气爽，全然忘却个人利禄；把书声带到庸常的家里，家里就成了和睦的书香家园；书

南溪书院纪念朱熹诞辰典礼 / 黄春霖 摄

声传遍大地，那将构成一个怎样宁静而美好的人间！

　　风乍起，书院右边的两棵古香樟沙沙有声。这两棵树围分别达十六米多的古老名树，在当地已成神树。有说是朱熹幼时手植的，有说是元时老人植以挡山风的，还有说是溪南住户为后代谋樟油种下的。可我这时只想着，莫不是对我这一介书生瞬间心思的颔首认可吧。我注视着古树，又一阵风吹来，古樟的虬枝上下翻舞，沙沙之声如笑如语。我独自朗诵着"半亩方塘一鉴开，天光云影共徘徊……"，欣然走出了南溪书院。

南溪书院古樟树 / 黄春霖 摄

萃园，建于清顺治十八年（1661年），清雍正年间重修。位于三明市永安县吉山村，坐西向东，二进五开间，占地面积1545平方米，为福建现今保存最为完好的清代早期书院之一。"萃园"之名，取自《易经》"物相遇而后聚，故受之以萃。萃者，聚也"，寓意学子荟萃。建造者刘奇才，吉山人，先建村东"近光堂"未冠者书院，后建村西"萃园"成人书院，供刘氏子孙读书。

　　萃园背靠笔尾山，紧临文川溪，依山傍水，钟灵毓秀，培养出190多位进士、举人和秀才，其中包括清代永安第一位进士刘元晖以及文举刘高贞、武举刘国琳等英才。抗日战争时期，萃园是福建省卫生处、卫生防疫大队、省卫生处制药厂所在地，位于书院后山的防空洞，是战时存放药品和疫苗的"冷藏库"。2005年福建省人民政府公布为第六批省级文物保护单位。2013年，萃园书院作为永安抗战旧址群福建省国民政府卫生处旧址，被国务院公布为第七批全国重点文物保护单位。

隽永诗歌　萃园书院

洪顺发

　　清朝乾隆年间，举人刘英访问萃园，触景生情，作《萃园记》，称赞道："读书于此，其胸必高明，心思必洞达，文章必轩爽，思致必玲珑，神气必娴静，襟怀必活泼。"读书人听闻这样的诗意描述，想必没有不欣然向往的。那么，萃园到底是怎样一个所在呢？

　　其实，萃园是吉山文化养育出来的优秀儿女。吉山现属永安市燕西街道辖区，分上吉山、下吉山两部分，村民以刘姓为主。刘氏在此地兴盛于清朝，他们先后建造书院7座，培养出190多个进士、举人、秀才，远近闻名，传为

萃园书院俯瞰图 / 罗联永 摄

萃园书院莲池／林峰 摄

佳话。此地文风鼎盛，文化遗产很多。在抗日战争时期，吉山文化又得到进一步的弘扬。

进入吉山村，经过抗战时期教育厅旧址，从大榕树下过浮桥，对岸是渡头宅，据说，当年中共党员、著名新闻记者、时事评论员羊枣（杨潮）就是在这里被捕的。渡头宅临河，有一条鹅卵石铺就的驿路从这里向西通往罗家山方向。驿路顺流而下，走不多远，遥遥就看到一座别致的院落，这就是萃园。

前傍潺潺溪流，后倚苍翠群山，青山绿水间，茂林修竹掩映。她没有左邻右舍，独自静默在青山脚下，田野尽头。宁静清幽的环境，正适合士子们埋头经卷，寒窗用功，十年磨剑。沿着小径走到门前，经年的风雨，沧桑了颜容，却消磨不了她骨子里的风韵：精巧细致，古朴典雅。《易经》有云："物相遇而后聚，故受之以萃。萃者，聚也。"这就是萃园之名的来源，应该是指此地藏风得水，聚山川之秀美，萃学子之逸才。从这个命名，可见此地乃钟灵毓秀之地，亦可见设计建造者的旨趣端倪。

萃园由重视教育的乡人刘奇才于清朝顺治年间修建，坐西向东，为二进五开间，形制上与其他书院有较大的不同。规模虽不大，却由于讲究格调，追求内涵，于小巧别致中融合了传统书院与江南园林的要素，同中求异，各具特色，使得幽中更幽，景中有景，美中更美，包含着许多耐人寻思的韵味。

她设有双重围墙，外墙较高，随地势逶迤；内墙只半人多高，纯粹用以修饰，沿莲池蜿蜒；两道围墙并行如双轨。门窗墙廊，方圆搭配，起伏错落。更特别的是，两道围墙之间，环绕着玉带似的活水，粼粼清流，生动着"源头

活水来"的书香灵气。在大门与前厅之间设计一口半月形荷花池，池中堆叠假山，放养锦鳞，自成一方小天地。这样的匠心，让浅浅的院落分隔出"庭院深深深几许"的幽静和情趣。初夏时节，花香伴着书香，青莲澡雪心神，别是一种高雅境界。书生用功间隙，凭栏小憩，看"鱼戏莲叶东，鱼戏莲叶西"，古人的诗句油然脱口而出，那种情景和逸趣，引人思绪翩翩。

跨进门楼，目光越过荷花池，正面是前厅，两侧为书房；二进是正厝和正厝厅。大门与前厅和书房之间曲径相连，前厅与二进回廊相通，檐前、天井开阔处植丹桂，角落里栽蕙兰，饶具苏州园林趣味。

翰墨书香，儒雅斐然。门楼的嵌头联："吉水泽兰草松竹聚萃，山风鼓莲荷桃李满园"，上下联首字尾字分别嵌"吉山""萃园"，风景人情，涵蕴在内，地名院名，都在其中，颇有别出心裁之妙思。圆形的内门边，那一面照壁上还保留着一幅年代久远的画，盘根错节之上，老梅假寐，着蕾着花，喜鹊踏枝，生动活泼。几百年流光过去了，花草树色还栩栩如生，令人驻足称赏。衬着檐前出淤泥而不染的亭亭红莲，衬着屋后那棵苍然蓊郁的罗汉松，衬着山边虚心挺拔的翠竹，自然人文，心思气节，濡染化育，融为一体。前厅匾"堂沐文曲"，正厅匾"耕读济世"，都是儒家传统文化精神的写照。

另有一个特别之处，两条围墙，均不见生硬的直角，转弯的地方，都用圆弧过渡，岂不是蕴涵着做人的哲学？就是退一步海阔天空，就是忍一忍大事化小，就是少计较不争锋，以此告诫子弟用柔克刚，圆融处世。

乡人刘元晖，曾在此读经诵典多年，对这座书院情有独钟。清雍正二年（1724年），他高中进士后，集资重新修葺书院。晚年他在此读书授徒，传播文明。刘元晖应当算是萃园的主人之一。今天，我们不看他的生平，一起来读一读他留下的与萃园有关的诗。他曾作山居诗十首，这里铨录两首。目光跟随诗句，我们既能浏览周遭的景致，看到他的行踪，又可以读出一个传统士子自在平和、安然自适的心态。

萃园书院长廊/林峰 摄

其 一

问我山中趣，轩窗对碧岑。

岭云多变态，林木渐成阴。

曲涧泉鸣玉，平畴菜布金。

悠然恣览眺，殊觉惬青衿。

其 二

问我山中趣，山中景物奢。

平安千个竹，鼓吹一池蛙。

采药云粘屐，钓鱼艇泊花。

自知疏懒性，只合老烟霞。

刘元晖有幸生活在康乾盛世之间，他读书教学之余，观云听泉，采药钓鱼，过着"采菊东篱下，悠然见南山"的日子。然而，日寇侵华，家国不幸，萃园不仅见证了日本飞机的空袭，还见证了难民的流离失所。国家罹难，多少书生毅然投笔从戎，同样的，萃园也投身到伟大的抗战之中。

这时，萃园不再是黄卷青灯读书的地方，它成为省卫生防疫大队的驻地和卫生处制药厂，卫生处处长陆涤寰在这里主持工作。

卫生防疫，这是与生活息息相关的事，怎么会选在这么偏僻的所在？一番考察之后发现，后面的小小防空洞，潮湿清冷，住人显然不是好地方，却是一个天然的大冰柜，成为存放针剂类药品的天然"冷藏库"。

1939年秋收之后，城里乡下鼠疫流行，戴眼镜的陆处长和他的团队特别忙碌，分发药品、消毒、收治患者，进行卫生宣传。当地乡下习惯了人畜混居，饭桌边箱形的坐凳就是鸡鸭的宿舍，门口或窗外就是猪圈、厕所，由于条件所

萃园书院正厅 / 林峰 摄

限，很难全面整治，流行病来的时候，防治起来特别困难。10 月底，又爆发严重疟疾传染病，医院人满为患，死人是常有的事。陆处长累得眼圈发黑、面容憔悴，但是事态并没有得到有效控制……小小的萃园，格外忙碌。

这一段经历，这一场洗礼，让萃园记住了国难家仇，也让萃园从高雅的诗文秀才走向民间的樵夫牧童，更加具有和蔼可亲的平民色彩。2005 年，萃园成为第六批省级文物保护单位。

玲珑、娴静、活泼，是举人刘英对萃园学子的评点，也是对萃园特色的评语，十分贴切，令人玩味。今天看来，萃园，仿佛深藏在闺门的小家碧玉，清纯，甜软，养眼，可心；萃园，像一首短小隽永的唐人绝句，字字讲究，字字用心，无一处不妥帖，符合和谐的韵律，又情意满画屏，在诗人眼里是诗，在画家眼里是画，堪称同类中之精品。

兴贤书院位于南平市武夷山市五夫镇兴贤村，名取"兴贤育秀，继往开来"之意，是南宋学者、朱熹的启蒙老师胡宪于南宋绍兴年间所建，初为乡学。这里是朱熹学习之所，也是后来他讲学授徒、传播理学思想的重要基地。

兴贤书院元初毁于兵燹。清光绪二十四年（1898年），经乡人连成珍等十四人倡议，兴贤书院在崇安县令张焘支持下得以重建。重建后的书院占地面积2000多平方米，共三进：第一进分上厅和下廊，上厅为正堂，供孔子神位，下廊悬有"升高行远"匾额，另设有东西厢房作为藏书之所；第二进为师生授课之所，设正堂和东西两庑，正堂为老师授课所用，两庑供学生座谈；第三进为楼房，楼上专祀文昌帝君，楼下供奉胡宪、朱熹等历代贤儒牌位，左右为书院山长起居室和书斋。

现存建筑面积252平方米，由大门、前厅、天井、大厅等组成，砖木结构，硬山顶，砖、木、石雕及彩绘装饰等较为精美。2018年福建省人民政府公布为第九批省级文物保护单位。

兴贤育秀话传承

陈崇勇

　　2015 年夏天，我参与编辑大型画册《武夷文化之旅》，全书分三个部分，第三部分"名贤·典故"开头以较大篇幅、图文并茂的方式，对朱子文化传承脉络进行了粗略的梳理。其中有一个章节介绍籍溪先生胡宪（1085—1162 年）。他从小跟随叔父、湖湘学派著名学者胡安国学习，后来成为理学家、教育家，因与当权的秦桧不和，隐居在五夫，与朱熹的父亲朱松交往很深。绍兴十四年（1144 年），朱松病危的时候，将年幼的朱熹托付给胡宪、刘勉之、刘子翚三人。朱熹曾说过："从三君子游，事籍溪先生最久。"当时为书中胡宪这部分所选的配图就是兴贤书院。只见湛蓝的天空下，一座造型宏伟、飞檐重叠的牌楼式

五夫古镇／黄小杭 摄

兴贤村掠影／许玲玲 摄

建筑临街矗立，牌楼上方嵌石刻"兴贤书院"的竖匾，门楣横额为"洙泗心源"，左边是"礼门"，右边是"义路"横额等。因为是专业摄影师拍的照片，像素很高，所以我在电脑屏幕上将照片一再拉大，察看一些普通手机不太容易拍到，甚至亲临现场也可能被忽略的细节。如礼门上方乌纱帽右边的帽翅已经残缺，露出底部的白灰；左侧飞檐的瓦槽上有两丛绿色的杂草之类……之所以这样认真察看，就是希望能够在一些平常不被重视的细节中发现可能隐藏的历史文化研究线索。当时我的心里，就萌生了将来有机会一定要到那座壮观的兴贤书院牌楼里面一探究竟的念头。

2017 年夏天，也是在一个阳光明媚的上午，我来到五夫镇。站在玉虹桥上，前方便是兴贤古街，它由籍溪、中和、儒林、朱至、紫阳、双溪、七贤七个街坊组成，全长约 1.3 千米。自中晚唐刘氏家族迁居五夫里时，此地就有了雏形，到南宋后期，胡家、刘家诸贤以及朱熹相继成名之后，趋于鼎盛。虽经 1000

多年的沧桑，至今尚保存有许多特别是宋代风格的建筑，并遗留下古朴淳厚的民风。漫步古街，石板路的两边都是古色古香、由青砖垒砌或黄土夯筑院墙的大瓦房，路的右侧伴有一条一尺多宽的水沟，水很清澈，在阳光的照耀下波光粼粼。路边人家大门有的虚掩着，有的大大方方地敞开着，探头望去里面空无一人。倒是外墙边的阴凉处，有三三两两的老人、妇女聚集而坐，或闲聊或照看小孩。好一幅安乐乡村民居图！

一路走一路看一路憧憬着，向往已久的兴贤书院在哪里呢？不知不觉来

兴贤书院大门 / 吴心正 摄

兴贤书院屋脊 / 吴心正 摄

到"天地钟秀"的牌坊前，眼光往右一扫，只见牌坊后面的背墙上有一对绝美的鱼龙雕塑。记得在《武夷文化之旅》画册的第二部分"茶道·民俗"中，就有"五夫龙鱼戏"的条目。龙鱼是一种龙头鱼身的龙，也称"鱼化龙"，是民间流传的吉祥物。寓意学子科举考试及第后，就可脱胎换骨，从一条水中游鱼变成天上飞龙。五夫龙鱼戏，是从宋代开始，每逢士子中举和应试入贡时，五夫乡民就会用竹子编制龙鱼骨架，蒙上绢布，绘上色彩，制成龙鱼灯进行表演，庆贺士子中举登榜。据考证，五夫龙鱼戏原为莲鱼戏，始于五代，是乡人迎春纳福，祈求风调雨顺、国泰民安的民俗活动。绍兴十八年（1148 年），19 岁的朱熹中进士，乡人便在"莲鱼戏"的基础上，添入"鲤鱼跳龙门"的内容，鼓励后生向朱熹学习。后来经过多年演化逐渐成为当地的一项独特民俗活动。

再向前几步，一座牌楼式建筑赫然出现，眼前的场景和照片上的场景十分相似，让人心生似曾相识之感。我下意识地抬头看了一下礼门上方，乌纱帽右边的帽翅已经修复。随着管理人员推开木门的吱呀声，仿佛打开了一条通往历史深处的时光隧道。礼门只有一人多宽，我们鱼贯而入。踩在深色略显老旧的青砖上，我的注意力首先集中到大厅正上方悬挂着仿朱熹笔体的"继往开来"堂匾，堂匾黄底黑字，笔画苍劲有力，十分醒目。"继往开来"出处应是朱熹《隆兴府学濂溪先生祠记》中的"此先生之教，所以继往圣，开来学，有功于斯世也"。匾下配有一副黑底木板阴刻描金的楷书八言对联："祖述尧舜宪章文武，德参天地道贯古今。"落款"后学张东铭敬书"。前面的一对顶梁长柱上也刻有一副十四言对联："穆穆皇皇大圣人宗庙之万世营富，跄跄济济唯君子能由是路登紫阁。"也是张东铭所书。所不同的是此联直接刻在木柱上，描黑色。对联后面是厅的正壁，一整面墙上都是黑色彩绘腾龙。据官网的相关介绍说是"厅正壁彩绘道家龙图一幅"，让我心生疑惑：书院大厅的正壁上怎么会有道家的龙图呢？

环顾四壁，我看到了悬挂在墙上崭新带框黑漆木雕朱熹手书的"格物，致知，诚意，正心"。也看到了兴贤书院的简介，得知书院是胡宪在南宋绍兴年间所建，最初是乡学，少年的朱熹在这里求学过。书院在元初因战乱被毁，清光绪二十四年（1898 年），由乡人连成珍等十四人倡议，在崇安县令张鸒支持下重建……看到这里，我认为，虽说在乡间的庙宇里，儒释道混搭的现象十分普遍，但这样一座在县令支持下重建的书院应该不会出现道家的龙图，可能是官网上的内容有误。还有 1898 年，这个书院重建的时间节点也让我颇感兴趣，因为这一年，恰好是京师大学堂创办的时间。京师大学堂作为戊戌变法的"新政"产物之一，是中国近代第一所国立大学，其成立标志着中国近代国立高等教育的开端。处在穷乡僻壤的兴贤书院的重建会与它有关联之处吗？简介接下来说，重建后的书院占地 2000 多平方米，共三进。第一进里供有孔子

兴贤书院内景 / 吴心正 摄

神位；第二进是师生授课的地方；第三进是楼房，楼上供有文昌帝君神位，楼下供胡宪、朱熹等历代贤儒牌位……仅就此内容来推断，戊戌变法的"新政"之风应该还没有吹拂到这里。

我看到玻璃陈列柜里摆放着一些仿制的手稿及印刷品，其中有胡宪为《上蔡先生语录》作的跋，朱熹为《上蔡先生语录》作的序。谢上蔡即谢良佐，蔡州上蔡（今属河南）人，故称。师从程颢、程颐，和游酢、吕大临、杨时号称"程门四先生"，他创立了上蔡学派，是心学的奠基人，在程朱理学的发展史上起到桥梁作用。其学生胡安国等人将他的主要思想言论整理编辑成《上蔡先生语录》，胡宪为之作跋，朱熹最后将该语录删定成三卷本，并作序。从这一本《上蔡先生语录》著作的完成过程，就可以从一个侧面反映出理学传承发展的清晰脉络，师生情谊绵长。面对这样一本著作，真想将这些带有时光印记的线装书页捧在手里，如同当年的书院学子那样，轻声吟诵或大声朗读，感受字里行间透露出的深情厚意。可惜柜门紧锁，只好用目光多扫几个来回。

我在院内继续搜寻，抬眼看到大堂的后壁左右各有一道拱门，后面应该还有在资料记载中书院的二进、三进遗存，很想去看看，却也是朱门紧锁。好在门已破旧，有很大的缝隙，阳光和空气可以自由出入。我凑近前去向门后探看，一道耀眼的阳光射入瞳孔，让我产生了轻微的眩晕。恍惚间，觉得这阳光和一千年前胡宪、朱熹们在书院里求学与传道时照射到的阳光并没有什么不同。那是一个在文化方面让人向往的时代，是中华文化兴盛的时期，书院遍布全国各地，文化人意气风发，整个社会弥漫着尊师重教的文化氛围……

正在院中徘徊时，几只轻灵的雨燕子不时地从眼前掠过，让我的心中产生了一种莫名的失落！作为一个长期关心朱子文化传承的爱好者，面对眼前这样一座空空的院落，应该能够做点什么呢？我思量着！

南浦书院

南浦书院位于南平市浦城县越王山下，今仙楼山西侧山麓，原为朱熹再传弟子、宋儒真德秀读书处，清乾隆二十八年（1763年），知县吴镛将越山道院的一半改建为书院，初称南浦讲堂，占地约60亩。乾隆五十五年（1790年）和嘉庆八年（1803年），两次修建维护，盛极一时，清代大学者梁章钜曾称"尝综吾闽数十州邑，书院之盛者，必以南浦，次鳌峰"。然而，书院在咸丰八年（1858年）的战乱中受到严重破坏，仅存头门，且1500余本藏书被洗劫一空。

　　现存主体建筑为清光绪十年（1884年）重建，除了建讲堂、斋舍、书舍外，还在讲堂左边修建十三子祠，祭祀有功于理学的浦城大儒。光绪十六年（1890年），知县熊汝梅重建并增建书舍，另筑池、修亭、建桥、重建大门，恢复书院风光。书院历任山长和执教者中有朱秉鉴、梁章钜、林春浦、魏敬中等名流大儒，其中梁章钜系受祖之望之邀，出任南浦书院山长，前后长达六年。

　　清光绪三十年（1904年），顺应书院转变为学堂的趋势，贡生应星奎在南浦书院创办了浦城第一所小学，名为南浦两等小学堂。重修了面积约200余平方米的讲堂，抬梁穿斗式木构架，面阔7间，进深4间，保存至今。光绪三十三年（1907年），改为全县第一所两等小学堂。民国期间，在书院旧址开办简易师范学院。1949年后至今为县教师进修学校。2016年浦城县人民政府公布为第八批县级文物保护单位。

南浦书院的诱惑

初学敏

书院的气质，一如一位满腹诗文、温文尔雅的先生。

书院的气质，一如一位霸气十足、雄壮伟岸的谋士。

坐落在浦城仙楼山西侧山麓，占地面积约 2400 平方米，现存建筑组群包括书院主体建筑、泮池、卓观亭廊桥、炼丹井的南浦书院，亦然！

南浦书院是参加工作以来让我一直惦记的，也是我最想走进的地方。父亲曾在 20 世纪 70 年代在这里工作过。父亲工作从不分节假，那时每逢周末，我常去。那份静谧中的安详与从容，弥漫在整个空气中，无论是上下原木铺就的楼梯、隔着木板的数间办公室，还是书院内山脚下那一口碧绿的方井（炼丹井）、庭院中的天井，简朴中均透着一份暖暖的亲切与踏实，喜爱读书的父亲坐在这里，是极享受的模样。正是这份感觉，诱惑着我，数十载过去了，依然存在。

南浦书院卓观亭廊桥／初学敏 摄

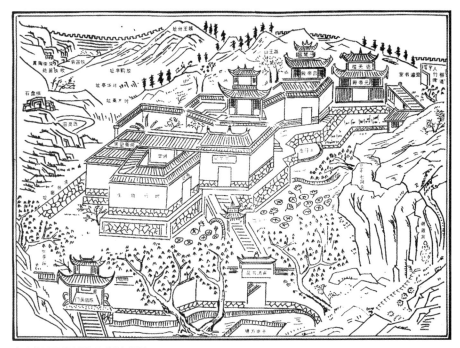

南浦书院暨越山图 / 初学敏 供图

　　而今，恍然明白自己之所以始终被诱惑着，恰是因为这方土地固守了曾经的文明，恰是因为自己始终未能如愿"处"此工作的缘故罢。

　　清人祖之弼在他的《南浦书院赋》中颂道："若夫兰池泛馨，梅林溽暑，日如小年，山如太古。笔蘸泉而转清，琴和松而再鼓。镜仙井为心源，扩洞天为灵府。亦或园亭荐爽，灯火新凉。碧霞扫翳，华月舒光。延秋室之子云，续秋赋于子方。感代谢之物化，绎励志之诗章。……讵如此间，邱壑自然，亦旷亦奥，可歌可弦。衍宪侯之文藻，溯真儒之渊源。匪道遥之是托，将愤乐以忘年。"

　　南浦书院地处南浦镇（城关）东隅、南浦溪畔，南接金鸡岭，北连上青岭（又名上真岭），西望西岩山，东与吴山对峙，旧城墙沿山脊而延伸，顶峰海拔333米的仙楼山，汉东越王馀善曾在这里建烽火台于山巅，构行宫于山麓（故又称粤山）。宋道人李陶真结庐山麓，以其山碧水环绕，若杭州天竺，故楼称小天竺。后人为纪念李陶真，筑楼名迎仙楼，故因楼而名，是浦城主要名胜之区。原有碧霞洞、月华亭、炼丹井、一线大、铁笛岩、越王台等二十四景。南浦溪东西环流，如白练西奔，登高则全城屋宇在望。南浦八景中的"越台晚照"和"仙林春色"两景皆在此。由于年代久远，部分景观被毁。1982年，开辟为森林公园。1987年，在北麓建革命烈士纪念碑和纪念红十军解放浦城纪念碑、曙光阁。

清乾隆二十八年（1763年），时任知县的钱塘人吴镛"甫莅任，乃相粤之麓，分仙楼之半，倡建书院。名曰南浦讲堂"。

知县吴镛在越王山之麓，将越山道院划出一半创建南浦书院，初建时，中为文昌楼，楼下正中为堂，供奉武帝，左右两间为斋舍，下为回厅，厅外偏右为读书长廊，前后分列书舍18间，为生童肄业之所。其外为仪门、大门。楼后转南为炼丹井，循石级北上有浣花塘，中有小石桥通月华亭，以上为讲堂，内奉宋理学十三子。堂右称时术斋，为院长起居处，斋右有唤鹤亭。清乾隆

南浦书院正厅 / 黄庆党 摄

五十五年（1790年）、嘉庆八年（1803年）增修。嗣后，历经修葺，咸丰八年（1858年）因战乱，损坏严重，拆毁过半，旋尽倾圮，仅存头门。同治六年（1867年）曾事小修，至光绪十年（1884年），在文昌楼故址建讲堂，堂左右斋舍四间，堂前为回廊，南北各一大门，堂后为厅事，厅隔以疏棂，左右各一门，一如前廊，右边门外耳舍三间，为厨房和浴室。在讲堂之左边建十三子祠，在达天楼之右建书室三楹。光绪十六年（1890年），在达天楼之左增建上下两栋，上栋中为堂，左右斋舍各四间，下栋中亦为堂，左右斋舍各两间，再右为厨房、浴室十八间。又在越王山正中建大门，上嵌"南浦书院"石额。门内建亭，左右筑围墙，墙内有芙蓉池，池正中建桥亭，左右植荷花养鱼。书院经费由富绅捐赠，尚较充裕。计有田租1479石46斗，房屋32座，年收屋租553两70千文。南浦书院

南浦书院朱子祭祀礼 / 黄庆党 摄

藏书 130 余部，1500 多本，每年购书费为制钱 40 千文。光绪间知县吕渭英等筹款购书，并带头捐赠"武英殿聚珍版书"《钦定二十四史》《十三经注疏》《福建通志》《佩文韵府》等共 85 种。至光绪二十六年（1900 年）《续修浦城县志》时，书院之地废为疏畦，池亭廊榭胜迹荒芜。光绪三十年（1904 年）改办县第一所小学堂，名为南浦两等小学堂。

今天，我走进南浦书院所见的主体建筑，属清光绪十六年（1890 年）重建，坐东朝西，单进合院式，平面呈长方形，建筑面积 402 平方米。中轴线上依次为门楼、门厅、过雨亭、正厅、石砌挡墙，天井两侧带回廊。大门门楣嵌阳刻楷书"南浦书院"石匾，正厅面阔五间、进深七柱，带卷棚轩顶前廊，抬梁穿斗混合式梁架。随脊梁下皮墨书："大清光绪拾年，岁次甲申秋月穀旦，永和知府衔申补清军府署浦城县正堂加五级，纪录十次岁澂重建"，正厅横枋上金漆临摹"亲爱精诚"（"亲爱精诚"为 1924 年黄埔军校首任校长蒋介石亲选的校训）。民国元年（1912 年）浦城县临时议会，民国三十三年（1944 年）县临时参议会、民国三十四年（1945 年）县参议会设此。

南浦书院创办，从此浦城"人文蔚起，士林至今讴思勿替云"（《新修浦城县志》）。此后，在富岭、临江、石陂、永兴等亦创办书院共达 9 所。

清梁章钜称："综吾闽数十州邑，书院之盛者，必以南浦，次鳌峰。"在清乾隆、道光之间，"浦城籍人捷南宫入词垣者踵接趾错，鱼贯蝉联，科名之盛为郡冠"。

五代至清，浦城县登进士者 172 人（其中状元 4 人，探花 3 人），再中博学宏词科 4 人。世宦有宰辅 8 人，尚书 20 人，侍郎 21 人。见载于《二十四史》和《清史稿》者 29 人。历代名人之佼佼者，宋有《文苑英华》的主要编纂者、文学家杨徽之，文学家、"西昆体"诗派倡导者、《册府元龟》总纂杨亿，宋代福建第一个任宰相的章得象，"王安石变法"实际主持人章惇，政治

南浦书院屋脊 / 黄庆党 摄

家吴充、吴育兄弟，徐应龙、徐荣叟、徐清叟父子，军事家章築，军事理论家、中国第一个武博士何去非，艺术家章友直，理学家詹体仁，理学家、政治家真德秀；元有诗歌四大家之一的杨载等。这便是浦城南浦书院成为当时福建书院之冠的缘由吧。

256 年前曾为福建书院之首的南浦书院，如今再次走进，仿若走进一个美丽的梦境……

南浦溪仍长流向东。失落书院，是一种悲哀。南浦书院，见证了浦城教育曾经的辉煌。

近年来，县委、县政府十分重视书院固态保护，将其列入县级文物保护单位，成立浦城县朱子文化保护建设工作领导小组，先后投入 70 多万元完成书院楼阁整体维修，书院文脉得到了保护和传承。

"坐看吴粤两山色，默契羲文千古心。"

对于浦城来说，南浦书院不单要恢复教书育人的功能，更应成为传承优秀传统文化、延续地方文脉、感受"千年古县"历史文化的精神寄托，成为浦城启迪当今文化教育的历史明灯。

魁龙书院

魁龙书院位于宁德市古田县城东街道西山村。书院建于宋代，相传南宋庆元三年（1197年）朱熹于古田避"伪学"之乱时，曾在此讲学。该书院是古田享有盛名的"古田八斋"（即溪山、魁龙、擢秀、螺峰、兴贤、谈书、西山、浣溪书院）之一。

　　清代中叶，书院改为先贤祠，春秋祭祀朱熹。光绪年间重建。书院坐北朝南，面阔19.5米，进深22米，穿斗式木构架。一进为正厅，梁上匾书"魁龙书院"，祀朱熹，左右各有一厢房；二进并列有厢房五间。左右枋梁临摹朱熹所书"鸢飞""鱼跃"横批。1990年古田县人民政府公布为县级文物保护单位。

🔖 魁龙书院：魁星高照龙象生

阮以敏

　　魁龙书院位于古田县城东街道西山村，俗称西山书院、径贤庙，初为西山村林氏宗族子弟书斋。明万历版《古田县志》记载："魁龙书院，在县西南十都之白沙，宋时建，后废。"现存建筑为清光绪年间重修，具有清代建筑风格。清朝中叶起，魁龙书院被辟为先贤祠，春秋两季举行祭祀宋理学家朱熹的活动，春祭为三月初九，秋祭为九月初十，祭祀活动承袭朱子清贫节俭古风，一直延续到民国。因朱熹曾在此讲学，书院对研究朱熹活动具有意义，1990 年被古田县人民政府列为县级文物保护单位。

魁龙书院正厅 / 阮以敏 摄

魁龙书院枋梁摹朱熹墨迹"鸢飞""鱼跃"/阮以敏 摄

魁龙书院占地面积约500平方米，坐北朝南，土木结构，两进四伞扛梁。前为门墙，大门偏右，砖砌门框，书法家、古田民俗文化学者江山先生拟写门联："魁星垂处群星灿，龙象生时万象新。"

跨入门槛，即为前天井，植有一株桂树，一株柚树，两侧各有双层厢房。正厅彩绘朱熹神像，上面匾书"魁龙书院"，左右枋梁临摹朱熹墨迹"鸢飞""鱼跃"。厅堂四根原木立柱下半部故意锯断再接续起来，方言读作"续头"，谐音"势头"，意为有势力。正厅覆竹联"日月两轮天地眼，诗书万卷圣贤心"，气势恢宏；前厅覆竹联"紫阳教化延一脉，白鹿薪传有二林"。"紫阳"为朱熹的号，"二林"即朱熹高足西山村林用中、林允中兄弟。乾隆版《古田县志》载："朱子避地古田，得进学之传者数十人，而择之、扩之（即林用中、林允中）兄弟为最，故至今犹称之曰'二林'。"正梁上书"大清光绪二十六年庚子岁三月二十二甲子日吉时重修魁龙书院上梁大利"。大厅官房，右为"朱熹陈列室"，收藏朱熹及其弟子林用中、林允中史料；左为"藏书阁""墨宝斋"，收藏古田传统文化史料。正厅两旁通往后厅女儿弄（即通道）宽达3米，光线充足，不可多见。

后厅枋梁左右依稀可辨"穷理""尽性"字样，语出《周易·说卦传》"穷理尽性，以至于命"，泛指穷究事理，实乃为学之道。后天井长11米，宽2.6

米，立有两根高 0.75 米、直径 0.35 米石柱。后厅左右厢房各一，中间约 30 平方米为厅。据年已八旬的村民林桂梅先生回忆，他小时候听老人说，此处即为朱熹讲学课堂，其建筑也早于前厅书院。20 世纪 50 年代农业合作化时期，魁龙书院成为合作社粮食仓库，一直到 80 年代初，都是生产大队粮食仓库，甚至大厅都堆满粮食，书院原貌也因此得以幸存。

南宋庆元元年（1195 年），宰相韩侂胄擅权，斥朱熹理学为"伪学"，朱熹等人为"逆党"。第二年，朱熹被弹劾"十大罪"，免去一切职务。庆元三年（1197 年），正是危难之时，古田籍门人林用中、林允中、余偶、余范等人冒险把朱熹从建阳接到古田避难，其女婿黄榦也一同留寓古田。明万历版《古田县志·寓贤》有明确官方记载："宋朱熹，字仲晦，新安人。庆元间，

魁龙书院前厅桂树柚树／阮以敏摄

韩侂胄禁伪学，寓古田。宗室诸进士与其门人构书院，延而讲学。所寄寓处附县治者，匾其亭曰'溪山第一'。往来于三十九都徐廖二大姓。尝书'大学户庭，中庸阃奥，文章华国，诗礼传家'。螺峰、浣溪、杉洋诸所，皆其游息而训诲也。文公尝曰：'东有余李，西有王魏。'盖自纪其乐云。"因林用中、林允中为古田西山人，所以朱熹到古田第一站落脚点便是西山村。大师莅临，怎能不邀请讲学？因此西山的魁龙书院蓬荜生辉，声名远扬。而县志中所谓"宗室诸进士"，指的是宋代有一支皇族南迁，由建州徙居古田，为赵宋皇室后裔诸进士。比如赵汝腾，乾隆版《古田县志》载，赵"素与朱子相友善"。还因西山村距旧城有十里之遥，交通不便，再加上学堂偏小，生源偏少，于是"构书院"，即把旧城东北双溪亭加以整修扩建，朱熹兴之所至，欣然命笔"溪山第一"，由此定名"溪山书院"。清邑人康熙间国子监祭酒余正健《漱芳集》云："双溪亭……昔紫阳夫子讲学是也，匾为'溪山第一'，笔墨淋漓。"此后朱熹便经常往返于古田境内几大书院讲学，谈经论道，培养了一大批再传弟子。其中林用中主溪山书院，黄榦主螺峰书院，余偶主西斋（即擢秀斋），余范主兴贤斋。据《古田县志》记载，宋、元、明至清，古田取得进士功名的就有181人，出现了张以宁、余正健、甘国宝、曾光斗等一批风云人物，足见朱熹对古田教育文化发展和社会进步的深远影响。

古田民间有流传甚广的"朱子一日教九斋"神话传说，"九斋"即指朱熹在古田讲学过的溪山书院、蓝田书院、魁龙书院、螺峰书院、浣溪书院、谈书堂、西斋、兴贤斋、东华精舍九个较有名气书院。从地域来讲，横贯东西百来公里。其非常人所能及，只是表达民间百姓对文化的崇尚，希望多多得到名师教诲的良好愿望而已。

魁龙书院对面还有一座"虎马将军祖殿"，1996年由"双义祠"改扩建。据说是当年江西参将周江湖、罗协奉命前来古田西山村追捕朱熹，因不忍加害

魁龙书院石碑 / 朱庆福 摄

圣人，双双自刎，后被西山村人尊奉，立庙祭祀。山门联曰："西境钟秀怀二将，山峦毓秀出双贤。"殿中有联曰："得道成仁碧血凝芳处，濯灵显圣紫阳过化乡。"现修有"双义祠"石牌坊。

西山村还有一个"神笔点蛙"的民间传说故事。话说当年朱熹在魁龙书院白天讲学，晚上辅导，大热天的晚上，田野青蛙叫个不停，影响学习。朱熹便用红笔写一字条放入田中，顿时青蛙变得半死不活，蛙声全失。于是朱熹赶

忙叫学生们去把青蛙捞起，用红笔在青蛙头上点一点，就全都活蹦乱跳起来。友人林斌说："我小时候经常去钓青蛙，只有这书院附近的青蛙头上有个红点，着实稀奇。"

现西山村新建公园，投资近 40 万元建雕花石凉亭，也取名"思贤亭"。陈灼豪先生撰联并题字："用心教化培桃李，允德遗风育栋梁。"藏头林用中、林允中兄弟之名。因朱熹在给林氏兄弟书信中有"十德衣冠裔，二林理学家"之说，西山村林氏后裔多有以此句制作门联，引以为豪。林用中作为朱熹高足，《八闽通志》载："文公尝称其通悟修谨，嗜学不倦，谓为'畏友'，与建阳蔡元定齐名。"南宋乾道年间为尤溪县学政，后回古田掌教，庆元二年（1196年）被授予邹应龙榜"特奏名"进士。师从朱熹三十余年，跟随朱熹参与了历史上有名的"岳麓会友""鹅湖论辩"等重大学术活动，并曾执教于朱熹亲手重建的白鹿洞书院。《白鹿洞志》言，林用中"从文公游最久"。朱熹给林用中书信就有五十余件，唱酬诗超百首。

朱熹去世后，林用中即把溪山书院改为"晦庵祠"，供朱熹神像，表达对恩师的敬仰与缅怀。林用中去世后，县令洪天锡在县城为之立牌坊，原名"通德"，后改为"承流"，其神座也祀于晦庵祠，再续师生之情。明朝古田知县杨德周《田中杂咏》赞道："讲席千秋诵考亭，二林流韵有仪型。可知薪火传无恙，乍试弦歌道亦灵。遗像尚留今俎豆，荒祠重落旧丹青。多才蔚起开冠冕，日照文章倚翠屏。"

书院是古代读书人的精神原乡，魁龙书院是历史留给我们古田一代又一代人的美好记忆。正如魁龙书院大门藏头联"魁星垂处群星灿，龙象生时万象新"所言，朱熹这颗魁星降落书院，一定会群贤辈出，星光璀璨；西山村龙脉所经，其形如象，必定会地灵人杰，万象更新。

附　录

福建省级以上文物保护单位名录

（文庙书院）

一、全国重点文物保护单位

名称	地点
福州文庙	福州市鼓楼区圣庙路 1 号
漳州府文庙大成殿	漳州市芗城区修文西路 2 号
漳浦文庙大成殿	漳州市漳浦县绥安镇东大街
泉州府文庙	泉州市鲤城区中山中路
安溪文庙	泉州市安溪县凤城镇大同路 141 号
永春文庙	泉州市永春县五里街镇洋上村
仙游文庙	莆田市仙游县鲤城街道城内街师范路 1 号
建瓯文庙	南平市建瓯市仓长路 163 号
萃园书院	三明市永安市吉山村

二、省级文物保护单位

名称	地点
闽清文庙	福州市闽清县梅城镇南北大街
同安孔庙	厦门市同安区三秀路 216 号
平和文庙	漳州市平和县九峰镇平和二中内
惠安孔庙	泉州市惠安县螺城镇西北街城隍口 5 号
黄石文庙	莆田市荔城区黄石镇水南村
永安文庙大成殿	三明市永安市大同路 123 号
汀州文庙	龙岩市长汀县汀州镇兆征路 20 号
上杭文庙	龙岩市上杭县临江镇解放路
漳平文庙	龙岩市漳平市菁城街道八一路
双溪文庙	宁德市屏南县双溪镇双溪村

名称	地点
西昆孔氏家庙	宁德市福鼎市管阳镇西昆村
正谊书院	福州市鼓楼区东街口
霞东书院	漳州市芗城区盐鱼市街
云山书院	漳州市云霄县云陵镇溪美街南强路
南山寺及南屏书院	漳州市云霄县莆美镇莆南村
石井书院	泉州市晋江市安海镇成功西路
侯龙书院	泉州市永春县吾峰镇侯龙村
南溪书院	三明市尤溪县城关镇水南路
兴贤书院	南平市武夷山市五夫镇兴贤村

其他图片来源

P3 福州文庙：杨德魁 摄

P11 闽清文庙：龚张念 摄

P19 永泰文庙：林峰 摄

P27 螺洲孔庙：陈成才 摄

P35 同安孔庙：朱毅力 摄

P43 漳州府文庙：林峰 摄

P53 漳浦文庙：邱枫 摄

P61 平和文庙：黄振文 摄

P69 海澄文庙：陈馨 摄

P77 泉州府文庙：欧阳良鹏 摄

P85 惠安孔庙：陈海平 摄

P93 永春文庙：谢大显 摄

P101 安溪文庙：林思宏 摄

P109 仙游文庙：林峰 摄

P117 黄石文庙：佘琦辉 摄

P125 涵江孔庙：蔡建财 摄

P131 永安文庙：罗联永 摄

P139 汀州文庙：欧阳良鹏 摄

P147 上杭文庙：蓝善祥 摄

P155 漳平文庙：黄振明 摄

P163 建瓯文庙：杨德魁 摄

P171 崇安文庙：赵建平 摄

P179 双溪文庙：朱庆福 摄

P187 西昆孔氏家庙：白荣敏 摄

P197 正谊书院：王立涵 摄

P211 濂江书院：陈成才 摄

P219 文泉书院：林武旺 摄

P229 霞东书院：陈燕 摄

P237 云山书院：周先丽 摄

P245 南屏书院：汤毓贤 摄

P253 石井书院：郑翔 摄

P263 龙山书院：陈海平 摄

P269 侯龙书院：谢大显 摄

P279 普光书院：何云基 摄

P287 南溪书院：黄春霖 摄

P295 莘园书院：林峰 摄

P303 兴贤书院：吴心正 摄

P311 南浦书院：黄庆党 摄

P319 魁龙书院：阮以敏 摄

说明：丛书内文中的图片一般在原图相应位置标注图片来源，各个辑页的题图以及某些内文底图无法在原文标注图片来源，则统一在此处注明。

后　记

　　本丛书于 2018 年 5 月正式启动，由福建省人大常委会环城工委、教科文卫工委牵头，会同省住房和城乡建设厅、省文化和旅游厅、省新闻出版局、省党史和方志办、省文物局、海峡出版发行集团、省文联和省文物考古博物馆学会等多个部门和学术团体参与编写。

　　为圆满完成丛书的编写出版工作，我们成立了福建古建筑丛书编辑委员会，负责丛书编辑出版原则的制定、编写提纲的审核、编辑出版工作中重要事项的协调以及对丛书全部内容的审定等；成立了福建古建筑丛书编辑部，具体负责稿件的组织征集、图文编辑以及出版发行等事务。为了切实保障丛书的质量，我们还成立了福建古建筑丛书学术专家组，由中国文物学会副会长、福建省文物考古博物馆学会理事长郑国珍担任组长，厦门大学建筑与土木工程学院教授戴志坚、福州大学建筑学院人居环境科学研究所所长张鹰担任副组长，负责丛书的学术问题总把关。

　　丛书邀请以下各位专家分别担任各分册主编，负责各册的选目以及概述和每一处建筑说明文字的撰写，并对本册相关内容进行审核。

　　《城垣城楼》主编　许为一（福建省传统村落与历史建筑研究中心副主任）

《土楼堡寨》主编　龚张念（福建博物院副院长、研究馆员）

《府第民宅》主编　李华珍（福建工程学院建筑文化研究所所长、建筑与城乡规划学院副教授）

《文庙书院》主编　林　峰（福建省文物保护中心主任、研究馆员）

《古道亭桥》主编　楼建龙（福建博物院考古研究所所长、研究馆员）

此外，福建工程学院建筑与城乡规划学院田梅霞参与了《城垣城楼》一册内容的编写。福建博物院肖振家参与了《土楼堡寨》一册的编写，福州大学建筑学院人居环境科学研究所教授李建军提供了其中的部分相关资料。周文博、游小倩参与了《文庙书院》一册相关内容的编写与资料收集工作。福建博物院梁源、张涛、陈闻达、杨俊等人参与了《古道亭桥》一册的资料收集。

丛书散文随笔，委托省作协、各设区市作协等单位征集组稿，邀请相关作者撰写。丛书图片，委托省作协与摄协、各设区市作协与摄协、省党史和方志办、省文物局等单位征集，部分图片由丛书专家、作者提供。

丛书从编写到出版的整个过程，得到了各参与部门和各位专家、作者、摄影者以及社会各界朋友的大力支持，在此，谨致以最诚挚的谢忱！

需要说明的是，因丛书征集文章与图片来源涉及面广，其中个别散文篇目与少量图片，有关部门在交稿时没有附上原著作者、摄影者姓名及联系方式，请相关著作权人及时与出版社取得联系，以便出版单位及时支付相应的稿酬。

福建古建筑丛书编辑部

2020 年 6 月

图书在版编目（CIP）数据

文庙书院/福建古建筑丛书编委会编. —福州：
福建教育出版社，2020.9（2020.12 重印）
（福建古建筑丛书）
ISBN 978-7-5334-8528-3

Ⅰ.①文… Ⅱ.①福… Ⅲ.①古建筑—介绍—福建
Ⅳ.①K928.71

中国版本图书馆 CIP 数据核字（2019）第 187429 号

福建古建筑丛书
Wenmiao Shuyuan

文庙书院

福建古建筑丛书编委会 编

出版发行 福建教育出版社
（福州市梦山路 27 号 邮编：350025 网址：www.fep.com.cn
编辑部电话：0591-83716932
发行部电话：0591-83721876 87115073 010-62027445）

出 版 人 江金辉

印 刷 福州华彩印务有限公司
（福州市福兴投资区后屿路 6 号 邮编：350014）

开 本 710 毫米×1000 毫米 1/16

印 张 22

字 数 287 千字

插 页 2

版 次 2020 年 9 月第 1 版 2020 年 12 月第 2 次印刷

书 号 ISBN 978-7-5334-8528-3

定 价 98.00 元

如发现本书印装质量问题，请向本社出版科（电话：0591-83726019）调换。